La evangelización en grupos pequeños

Richard Peace

Ediciones Crecimiento Cristiano

2

© **1990 Ediciones Crecimiento Cristiano**
Título: Evangelización en grupos pequeños
Autor: Richard Peace
Primera edición: 1990
Esta edición actualizada: 2009

Originally published by InterVarsity Press as **Small Group Evangelism**
© 1985 by InterVarsity Cristian Fellowship of the U.S.A.
Translated by permission of InterVarsity Press
© Edición en castellano: Ediciones Crecimiento Cristiano
ISBN 950-9596-46-9 Ediciones Crecimiento Cristiano

Clasificación: Evangelización, estudio bíblico

Equipo de traducción y revisión:
Elsie Schwieters, Elsa Romanenghi de Powell, José Young y Ana Zeromski

Impreso en los talleres de
Ediciones Crecimiento Cristiano
Córdoba 419
5903 Villa Nueva, Cba.
Argentina

oficina@edicionescc.com
www.edicionescc.com

Prologo **4**

Introducción 6

Parte 1 - El concepto 11

Capítulo 1 Comprender la extensión:

los principios de la evangelización 12

Capítulo 2 Vencer las dudas y los temores:

Los problemas en el testimonio 22

Capítulo 3 Comunicar nuestra fe:

El arte de la conversación cristiana 34

Capítulo 4 Diseñar la extensión por grupos:

El proceso de la planificación 42

Capítulo 5 Comprender la dinámica de grupo:

Las relaciones en un grupo pequeño 54

Capítulo 6 Hablar acerca de Jesús:

El contenido de nuestro testimonio (1) 64

Capítulo 7 Presentar la persona de Jesús a otros:

El contenido de nuestro testimonio (2) 71

Capítulo 8 Planificar para el futuro:

La estrategia de la evangelización en grupos 81

Parte 2 - La experiencia:
Una serie de capacitación para grupos **92**

Sesión 1 Los principios de la evangelización 93

Sesión 2 Los problemas en el testimonio 95

Sesión 3 El arte de la conversación cristiana 97

Sesión 4 El proceso de la planificación 100

Sesión 5 Las relaciones en el grupo pequeño 102

Sesión 6 El contenido de nuestro testimonio (1) 103

Sesión 7 El contenido de nuestro testimonio (2) 106

Sesión 8 La estrategia de la evangelización en grupos 108

Parte 3 - Guía para el líder del grupo de capacitación **109**

Un plan de 13 semanas 118

Notas 120

Prólogo

Cuando comencé a escribir *La evangelización en grupos pequeños*, no me imaginé que llegaría a ser un proyecto tan formidable. Mi intención original fue, simplemente, revisar un trabajo anterior ("Witness", Grand Rapids, Mich.: Zondervan, 1971) con el fin de actualizarlo. Finalicé volviendo a escribir el libro en forma completa.

Recibí mucha ayuda para elaborar "La evangelización en grupos pequeños". Un libro de este tenor no se escribe sentándose y diciendo: "Veamos... ¿cómo podemos instruir a las personas para que evangelicen en grupos pequeños?" Por el contrario, esto es la culminación de un largo proceso acumulando experiencia: experiencia en cómo formar un grupo pequeño para su evangelización, y también en cómo enseñar a otros para que lo logren. Este volumen reúne la experiencia y las sugerencias de cientos de personas durante los últimos veinte años. Recuerdo claramente las experiencias claves que me ayudaron a dar forma a estas ideas, pero es imposible nombrar a cada uno de quienes contribuyeron en este proyecto.

Mi trabajo en esta área comenzó cuando formaba parte de un equipo misionero en Africa (African Enterprise). Nuestras primeras experiencias rudimentarias en la evangelización por medio de grupos pequeños tuvieron lugar en Cape Town en 1967. Continuamos haciendo lo mismo en Nairobi durante los años 1968-69; y luego en 1970 en Johannesburgo hicimos de la evangelización en grupos pequeños el objetivo central de nuestra misión en la ciudad. A principios de la década de los años '70, mi esposa y yo teníamos a nuestro cargo un grupo de estudio bíblico semanal en nuestro hogar en Newton, Massachusetts (EE. UU.). Aprendimos mucho de ese grupo; un gran número de personas formaban parte, muchos de ellos de la contra-cultura. Desde mi mudanza a South Hamilton, Massachusetts, he recibido un incalculable aporte de mis alumnos del Seminario Teológico Gordon-Conwell, principalmente de aquellos que tomaron mi curso sobre la evangelización en grupos pequeños. Mis alumnos del otoño de 1982, en particular, contribuyeron a clarificar ciertos puntos como resultado de su crítica al libro "Witness". ¡En esa tarea se desempeñaron admirablemente!

Los grupos estudiantiles del "Inter-Varsity Christian Fellowship" (miembro de la Comunidad Internacional de Estudiantes Evangélicos) también utilizaron este material en diferentes universidades del país. Esto se debe, principalmente, al resultado de los esfuerzos de Dietrich Gruen. Con Dietrich tengo una gran deuda de gratitud. En realidad, la expresión "deuda de gratitud" es muy suave. El hecho de que este material todavía exista se debe, en gran parte, a Dietrich. El fue quien descubrió "Witness" y lo promocionó entre los círculos de I.V.C.F. Fue el fundador de cientos de pequeños grupos que usaron "Witness". Precisamente Dietrich fue el encargado de fotocopiar "Witness" mucho después que las copias impresas se agotaron. Y fue Dietrich quien insistió constantemente para que se realizara esta revisión. Su insistencia tomó un giro práctico, ya que participó en el proceso de revisión, reaccionando y comentando sobre mis nuevos apuntes. También solicitó la crítica del personal de I.V.C.F. que ya había utilizado "Witness".

Otras personas que han contribuído en la producción de este libro son Jack Cook y Lyman Coleman, quienes me brindaron muchas apreciaciones en cuanto al proceso de entrenamiento del laico. Mi secretaria Bárbara DeNike transcribió con paciencia y habilidad mis habituales e ilegibles garabatos en un correcto manuscrito. Y, por supuesto, mi esposa Judy estuvo presente mientras escribía este volumen, como lo suele hacer siempre que escribo. El estímulo de sus apreciaciones e insistencia en relacionar todo esto con la "vida real" ha sido de un valor inestimable.

Introducción

Desde el origen de la raza humana han existido los pequeños grupos. Sin embargo, hasta comienzos de este siglo, no se le prestó atención al comportamiento especial de la gente en estos grupos. Tradicionalmente la persona era considerada en forma aislada, o como miembro de una gran unidad social, tal como una familia en toda su extensión, o una comunidad. Pero con el desarrollo de las ciencias sociales, los investigadores reconocieron que sucede algo bastante inusual y poderoso en un grupo pequeño. Es algo que no sucede en un grupo grande, donde prevalece una dinámica diferente. Aún otro tipo de interacción es el que tiene lugar en una conversación casual entre tres o cuatro amigos. A fines de la década de 1930, en el Centro de Investigación para la Dinámica de Grupos de Kurt Lewin, prosperaron los estudios científicos de grupos. De su trabajo, como una disciplina por derecho propio surgió la "dinámica de grupos".

Este movimiento denominado "dinámica de grupos" ha tenido un impacto trascendente en las universidades, negocios y grupos comunitarios de todo tipo. Se hicieron populares como metodologías: terapia de grupo, grupos de encuentro, "buzz groups" y "rol play" (Estas y otras técnicas apenas se conocen en América Latina, a veces por su nombre en inglés. Nota del editor.) Los investigadores han sometido todo a medición, desde la manera en que los grupos hacen decisiones hasta la resolución de conflictos; desde cómo escuchar con empatía, hasta los estilos de liderazgo.

La iglesia "descubrió" a los pequeños grupos en los años '50 y '60. Pues en realidad, los pequeños grupos han sido parte de la experiencia cristiana desde su origen. Jesús y sus doce discípulos formaron un pequeño grupo. Benedicto y luego Francisco de Asís reunieron sus seguidores en pequeños grupos. Muchos dicen que el avivamiento del siglo dieciocho prosperó porque Wesley organizó a los convertidos en grupos de diez, cada uno con su líder. No obstante, los pequeños grupos no se propagaron en las iglesias hasta mediados de este siglo. Su uso fue estimulado por los descubrimientos que hicieron los científicos sociales. Repentinamente los líderes de las iglesias comenzaron a hablar de los pequeños grupos con entusiasmo. En 1957 Juan Casteel escribía: [1] "En los años venideros la propagación de pequeños grupos podrá ser considerada como uno de los movimientos religiosos más significativos de nuestros tiempos."

En sus comienzos, los pequeños grupos funcionaban principalmente como "grupos de crecimiento". Eran profundamente personales, daban énfasis a la oración, el estudio de la Biblia y la participación. Más tarde se reconoció el valor pedagógico de los pequeños grupos, y éstos formaron parte de la Escuela Dominical y de otros aspectos educativos del programa de las iglesias. Los pequeños grupos fueron también reconocidos como un instrumento ideal por medio del cual los cristianos podían expresar su amor por otros a través de actos concretos de servicio.

Grupos pequeños y la evangelización

Pero curiosamente, los pequeños grupos nunca fueron muy usados en la extensión de la iglesia o como medio de evangelización (con algunas notables excepciones, tales como los estudios bíblicos evangelísticos realizados por Inter-Varsity Christian Fellowship, y los grupos de acción de la Cruzada Estudiantil para Cristo). Se reconoció su valor para el crecimiento y renovación personal, pero no se pensó que, posiblemente, fuesen el medio más adecuado para alcanzar la generación pos-cristiana para Cristo.

Aunque la concurrencia a las iglesias es significativamente alta en los EE. UU., un creciente número de personas tiene poco o nada que ver con el cristianismo en cualquiera de sus formas. No asisten a una iglesia. Jamás se les ocurriría hacerlo. No concurren a las campañas evangelísticas (la mayoría de los que se convierten en estas campañas parecen ser cristianos nominales). Por cierto, tampoco sintonizan programas cristianos en televisión, excepto por curiosidad; así como un antropólogo podría observar una danza tribal. No leen libros cristianos, y por lo general su relación y diálogo con los cristianos es superficial. (También es cierto que a pocos años de su conversión, muchos cristianos pierden contacto con sus viejos amigos y desarrollan un nuevo grupo social formado sólo por cristianos.) Por lo tanto, ¿cómo alcanzar a este sector para Cristo?

Un medio poderoso sería la reunión de pequeños grupos en hogares para dialogar seriamente acerca de su realidad espiritual. Muchas de estas personas están profundamente interesadas en temas espirituales, como lo evidencia el auge de movimientos sicológicos como Scientología, est y Arica (Más conocidos en los EE. UU. que en la América Latina. Nota del editor); los grupos religiosos orientales como Meditación Trascendental y la Sociedad de Krishna; y toda la subcultura de la "Nueva Consciencia". Los pos-cristianos americanos están muy interesados en la realidad espiritual. Pero jamás conectan este interés con el cristianismo o con la iglesia. Aunque nunca irían con nosotros a la iglesia, sí vendrían a nuestros hogares para compartir una comida y dialogar.

A través de este libro estoy animando al uso deliberado de pequeños grupos con fines evangelísticos. Este sería el único camino para que alcancemos a aquellos que están fuera de la iglesia.

Una de las ventajas más atractivas de los pequeños grupos es que pueden ser adaptados a las necesidades e inclinaciones de casi cualquier grupo de personas. A través de estos grupos podemos llegar a matrimonios jóvenes, jubilados, amas de casa, estudiantes universitarios, músicos, adolescentes. El contenido, el estilo, el ambiente y el liderazgo serán bastante diferentes de un grupo social a otro, pero la dinámica dentro del grupo será la misma; también será igual la posibilidad para compartir el evangelio.

"La evangelización en pequeños grupos" ha sido escrita como una guía concreta para quienes desean aprender cómo evangelizar a través de pequeños grupos. Este libro puede usarse en forma individual o grupal. Una vez leído, no le llevará mucho tiempo comenzar un grupo. He aquí otro aspecto atractivo de esta metodología: no requiere de una gran organización, tampoco de dinero o de un intenso entrenamiento especializado. Pero sí necesitará voluntad para invitar a unos pocos amigos (cristianos y no cristianos) para un diálogo dirigido alrededor de un tema, a través del cual se podrá ver el evangelio. "La evangelización en pequeños grupos" le dará toda la información necesaria para realizar este trabajo con éxito. Naturalmente, no hay tal cosa como una guía para el éxito asegurado en la evangelización. Sin embargo este curso le provee una manera práctica para lograr que muchas personas *comiencen* a realizar la evangelización en pequeños grupos.

Si aún no se encuentra en condiciones de invitar a amigos no cristianos, puede usar el curso para el entrenamiento personal en la evangelización con amigos cristianos. Esta es la manera ideal de utilizar "La evangelización en pequeños grupos". Reuniéndose con personas que desean aprender cómo compartir a Cristo, durante nueve sesiones, ustedes aprenderán acerca de los pequeños grupos siendo un pequeño grupo.

El libro está diseñado para llevar a la práctica este proceso de aprendizaje con un grupo pequeño. Está dividido en tres partes. La primera parte se refiere a la dinámica de pequeños grupos, la naturaleza del evangelio y cómo usar a los pequeños grupos en la evangelización. La segunda parte consiste en una serie de ejercicios, diseñados para guiarlos a través de ocho sesiones de entrenamiento en la evangelización. (La novena sesión es un ensayo donde se programa un encuentro de evangelización.) La tercera parte contiene información para quien guía el grupo en su experiencia de adiestramiento.

No es difícil reunir a un grupo de entrenamiento. Tal vez usted haya elegido este libro por simple curiosidad. Su intención fue simplemente leerlo. Pero una vez leído, sugiero que confeccione una lista de seis o siete amigos cristianos para realizar juntos la primera sesión grupal. Usted será el guía. Todas las instrucciones que necesita se encuentran en la tercera parte del libro. Decidan luego si desean continuar o no. Me imagino que querrán formar un grupo de entrenamiento para estudiar juntos el resto del libro.

El curso también puede ser usado como base de un típico curso de educación para adultos con una duración de trece semanas. En este caso deberá adaptar el material de nueve sesiones de una hora y media de duración a una experiencia de trece semanas de una hora semanal, como lo he resumido en el final del libro.

"La evangelización en pequeños grupos" es un curso de capacitación. Al final de cada capítulo he incluído ejercicios que le ayudarán a fijar las ideas principales. Una vez que haya leído cada capítulo, trabaje con los *ejercicios de interacción* que se encuentran a continuación. Si usted es integrante de un grupo de entrenamiento, este material interactivo

será utilizado frecuentemente durante la sesión grupal.

A los integrantes del grupo de entrenamiento se les pedirá que realicen algo entre una sesión y otra. Esta tarea nunca les insumirá mucho tiempo ni tampoco será algo que esté más allá de su capacidad. Por ejemplo, luego de la primera sesión, se le pide invitar a uno o dos amigos cristianos a unirse al grupo de entrenamiento. Estas tareas son importantes. Por lo general sólo leemos acerca de la evangelización. Nunca la practicamos. Al poner en práctica las tareas al final de cada experiencia con el grupo, pueden ser los primeros pasos en desarrollar un estilo de vida evangelístico. Posiblemente llegará a ser algo instintivo hablar a la gente acerca de Cristo.

Los deberes implican estudio. El estudio implica tiempo. Necesitará tiempo para preparar cada sesión, aunque no demasiado. Tal vez quince minutos diarios serán suficiente. O le resulte más conveniente una hora y media los sábados por la tarde. Pero planifique su tiempo para estudiar, especialmente, si en los últimos años no ha realizado estudios sistemáticos. *Necesitará estudiar* para que el curso le resulte de valor. Todas las ideas sobre la evangelización aplicada a los pequeños grupos emergerán de su estudio personal. La sesión de grupo, entonces, servirá para ampliar estos conceptos. Si usted no ha leído el material, no siempre sacará el máximo beneficio de la experiencia con el grupo de capacitación.

Una de las experiencias más valiosas que obtendrá, si usted estudia este material con un grupo, es la de diseñar y ejecutar lo que yo llamo un "Encuentro de evangelización". Esto implica invitar a amigos no cristianos a unirse a su grupo para una sesión durante la cual discutan algún aspecto de la fe cristiana. Esto será un experimento para su grupo, a través del cual aprenderán muchas cosas acerca de los aspectos prácticos de la evangelización en pequeños grupos. Para sus amigos, ésta será una noche agradable entre personas sinceras y con un interesante diálogo. Posiblemente salgan con el deseo de continuar. Oren para que así sea.

Comienzo de un programa de capacitación para la evangelización en pequeños grupos.

Existen una variedad de formas para comenzar un programa de capacitación para la evangelización en pequeños grupos. Estos proyectos están por lo general patrocinados por alguna organización —una iglesia, un grupo estudiantil, una clase de Escuela Dominical para adultos, los dirigentes de un retiro sobre la evangelización— aunque en este caso no es necesario. Pero, ya sea que esté patrocinado o independiente, hay ciertos detalles logísticos que requieren atención:

Miembros del grupo. ¿Cómo se organiza un grupo? Hay distintas maneras. A veces se comienza con un grupo pre-existente. Otras veces, necesitará reclutar su propio grupo colocando una nota en el boletín de la iglesia, invitando personalmente a un grupo de personas que usted siente que podrían estar interesados, o sugiriendo que sería un buen tema para estudiar en la clase de adultos. El entrenamiento para evangelizar en pequeños grupos entra perfectamente en el contexto de la preparación de un esfuerzo evangelístico mayor (una misión universitaria o una cruzada a nivel de ciudad) y dentro de los programas para el entrenamiento de laicos en el uso de los dones espirituales.

No es difícil organizar un grupo por sí mismo. Cuando me encontraba escribiendo la primera versión de este material, un amigo oyó acerca de lo que estaba haciendo, y me pidió ver una copia. Le envié el material pero no supe nada más de él. Cuando lo volví a ver seis meses más tarde, había organizado un pequeño grupo que hizo el curso. A través del éxito del primer grupo, otros se interesaron y ¡volvió a hacer lo mismo otra vez! Mi amigo no estaba especialmente capacitado.

Terminó la escuela secundaria, trabajaba como electricista, y nunca antes había enseñado o dirigido un grupo. Se convertió siendo ya adulto, y recibió muy poca instrucción cristiana.

Utilizando este material, un comerciante jubilado dirigió un grupo de entrenamiento, luego un segundo grupo y más tarde un tercer grupo. Con el tiempo dirigió un gran número de "Grupos de testimonio" (como se llamaban en aquella época) en todo el Africa del Sur.

No subestime su potencial como individuo para organizar y dirigir un grupo.

Lugar. ¿Dónde debe reunirse el grupo? La primera consideración es la familiaridad. Reúnase en un lugar en el que la gente se sienta cómoda y tranquila; por ejemplo, en un hogar o salón privado. Luego asegúrese que el ambiente conduzca a la conversación (sin animales que molesten, teléfonos o niños). Sería sensato reunirse cerca de donde vive la gente, para que el transporte no sea un problema.

Tiempo. Necesitará una hora y media, por lo menos, para hacer un estudio. Muchos grupos consideran que dos horas les permite trabajar a un ritmo más tranquilo. Algunos, invariablemente, "malgastarán" los primeros quince minutos. Quizás también quieran tener un refrigerio informal después de la sesión formal. Como quiera que estructure el tiempo, una vez decidido, *no se aparte de él*. No conviene exceder siempre en el tiempo asignado. Si tienen problemas de tiempo, reduzca la cantidad de material que cubren o bien renegocie con el grupo quince o treinta minutos extra por semana.

Invitaciones. Una vez que haya decidido a quiénes invitar y cuándo y dónde se reunirán, es meramente una cuestión de contactar a las personas. Las mejores invitaciones son de persona a persona. De esta manera usted puede transmitir no tan sólo la idea sino su entusiasmo. Las invitaciones por escrito y las llamadas telefónicas también son útiles, tanto como invitación inicial o como para reforzar una invitación anterior.

Tamaño. El número ideal para un pequeño grupo es entre seis y trece personas. No se preocupe si no cuenta con trece miembros en la primera reunión, ya que una de las tareas que ellos deben realizar, incluye la invitación a otros a unirse al grupo inicial, en la segunda semana de trabajo. Si el número excede los trece miembros, considere la división en grupos más pequeños.

Distribución de copias del libro. Trate por todos los medios de distribuir un ejemplar de "La evangelización en grupos pequeños" a cada persona antes de la primera reunión. Deberán leer el capítulo 1 y preparar el material de estudio. No se disculpe por haberles asignado esta tarea. Enfatice que por ser un *curso de entrenamiento*, será necesario un cierto tiempo de preparación semanal (no más de un hora o dos). Esta preparación es esencial para el aprendizaje.

Otra manera para que la gente lea el capítulo 1 antes de la primera sesión es agregando una sesión extra. Prepare una primera reunión de organización durante una comida, seguida por una conversación acerca del curso. En este encuentro puede distribuir los ejemplares del libro.

Oración. Este no es simplemente un curso de entrenamiento. La esperanza es que cambie vidas: las vidas de los cristianos que hacen el curso, y las vidas de los no cristianos contactados. Esto no sucederá sin la obra del Espíritu Santo que abre los corazones y las mentes y mueve a la gente hacia nuevos compromisos. La oración no es una opción; es lo esencial. Como líder, usted querrá orar diariamente por el grupo y sus miembros. Anime al grupo a orar y asegúrese de que el cuerpo patrocinador también esté orando.

¿Está listo para comenzar? Lea el capítulo 1, preparándose para su primera sesión con el grupo. Las instrucciones para esa primera reunión se encuentran en la Parte 2 de este libro. El líder encontrará notas útiles en la Parte 3.

1 El concepto

1

Comprender la extensión:

Los principios de la evangelización.

Una iglesia que paraliza su extensión dependiendo de sus especialistas (pastores o evangelistas) en la tarea de testificar, vive contradiciendo la intención de su Cabeza, y el ejemplo dado por los primeros cristianos.
(Leighton Ford)

66¿Esperaba Jesús, realmente, que cumpliéramos la Gran Comisión?" me pregunté. Sus palabras absolutas me habían impresionado una y otra vez: "Id, y haced discípulos en *todas las naciones*" (Mt 28:19). En otra ocasión, de acuerdo con Lucas, Jesús les dijo a sus discípulos "que se predicase en su nombre el arrepentimiento y perdón de pecados en *todas las naciones*, comenzando desde Jerusalén" (Lucas 24:47). Luego, Lucas continuó (en los Hechos) explicando que este ministerio llevaría a los seguidores de Jesús de Jerusalén hacia "*los confines de la tierra*". Jesús dice, en el así llamado largo final de Marcos (que tal vez no formase parte del documento original): "Id por todo el mundo y predicad el evangelio a *toda criatura*" (16:15).

En estas "órdenes de partida" vemos la amplitud de la misión. Jesús dijo con claridad que venía a buscar y a salvar a todos los pueblos. Su ministerio no iba dirigido solamente a los judíos. Su mensaje no era tan sólo para el primer siglo. Tenía en mente la creación de una comunidad de alcance mundial llevando su nombre y obedeciendo sus palabras.

Pero ¿era ésta una visión realista? ¿Sería posible alcanzar a *todo el mundo*? ¿Sería posible predicar el evangelio en todos los rincones del mundo?

Era desconcertante. ¿Cómo llevar a cabo una tarea tan gigantesca? Aun en el primer siglo, para su pequeño grupo de discípulos, cuando "el mundo" era más pequeño y menor el número de naciones, enfrentar al vasto Imperio Romano, habría sido una tarea enorme. En la actualidad, con cerca de cinco billones de personas y más de doscientos países, es aún más difícil.[1] ¿Nos dio nuestro Señor una tarea imposible? Seguramente que no. Sin duda, habría una manera de predicar a todas las naciones. ¿Pero *cómo*? Esta es la pregunta clave.

Capacitando a los Santos

En medio de esta meditación, "descubrí" Efesios 4:11,12. Estos dos versículos introducían a un sermón que escuché; pero al ser señaladas sus implicaciones, me olvidé completamente el resto del mensaje, porque, repentinamente, vi cómo podríamos hacer lo que el Señor nos ordenó. Y los dones de Cristo eran que "algunos debían ser apóstoles, otros profetas, otros evangelistas, otros pastores y maestros, a fin de capacitar a los santos para la obra del ministerio, para la edificación del cuerpo de Cristo" (traducción de la Versión Revisada en inglés, nota del editor).

Pablo afirma aquí que "la obra del ministerio" (de la cual la evangelización forma parte) es para los "santos", es decir, para todo el pueblo de Dios. Yo había sido incapaz de ver de qué manera se podría alcanzar al mundo entero con el evangelio, porque creía que la predicación del evangelio era la tarea de los pastores, misioneros y evangelistas. (¿Era esto el resultado de mi experiencia en cuanto a la manera que en realidad funcionan las iglesias?) Por supuesto que nunca existirán suficientes evangelistas o pastores para alcanzar a "todas las naciones". Pero aquí Pablo está diciendo que el ministerio, incluyendo la evangelización, ¡es la obra de los laicos! ¡Es *nuestra* tarea!

Esta debió ser la clave para la evangelización mundial: cada cristiano, en todas partes, compartiendo el evangelio. Nunca existirán suficientes evangelistas para alcanzar al mundo, pero sí hay suficientes laicos. Según las últimas estadísticas, se sabe que cerca de un tercio del mundo es cristiano (por lo menos nominalmente). Podemos, si queremos, "predicar las buenas nuevas a toda criatura".

¿Qué decir de los ministros, de los evangelistas y de los misioneros? ¿Cuál es su tarea? De acuerdo con Pablo, su trabajo es entrenar a los laicos para el ministerio. Su tarea es prepararnos para que tengamos mayor efectividad con la tarea de ser el pueblo de Dios en el mundo.

El sentido común sustenta este principio. Una iglesia local con seiscientos ministros efectivos, seguramente, producirá mayor impacto que una iglesia con un solo ministro oficial más una congregación pasiva. Un grupo universitario con treinta y cinco miembros activos, producirá más impacto que dos personas encargadas tratando de hacerlo. Nos sorprende, entonces, que en la iglesia actual se haya desarrollado este modelo: un grupo de laicos emplean a un ministro para que realice todo el trabajo del ministerio, mientras ellos se sientan cómodamente como espectadores —alentando al pastor y ocasionalmente ayudándolo— pero raramente ministrando, mucho menos permitiendo que el pastor los entrene.

Leighton Ford señala que parte de la culpa de esta distorción de la naturaleza del ministerio, ¡se debe a una coma mal colocada! Algunas versiones de la Biblia traducen a Efesios 4:12, luego de enumerar los diferentes llamados para el ministerio cristiano in: "a fin de perfeccionar a los santos, para la obra del ministerio, para la edificación del cuerpo de Cristo", dando a entender que hay tres tareas para los llamados a ministrar. ¡Pero no corresponde una coma delante de las dos primeras frases! Una mejor traducción sería: "para perfeccionar a los santos para trabajar en su servicio" (traducción de la versión Nueva Inglesa, nota del editor), o "sus dones fueron dados para que los cristianos pudieran ser adecuadamente preparados para su servicio" (traducción de la versión inglesa de Phillips, nota del editor). "Es un pequeño error gramatical, con grandes consecuencias prácticas. De esto se desprende que la tarea principal de los pastores no es precisamente realizar el trabajo de la iglesia, sino la de capacitar al pueblo de Dios para hacer este trabajo". [2]

La matemática ilustra este principio. Para que no permanezca escéptico con respecto a la posibilidad de predicar el evangelio a todo el mundo siguiendo el principio paulino, permítame compartir algunos interesantes cálculos. Suponga, por un momento, que hay sólo un cristiano en la tierra. Siendo un fiel cristiano, sin embargo, busca compartir el mensaje del evangelio con otros. Y en el lapso de seis meses su labor es recompensada. Uno de sus amigos se convierte en cristiano. Juntos ahora, estos dos cristianos continúan compartiendo el evangelio. Al finalizar el primer año, cada uno habría ganado otro para Cristo. Ahora son cuatro cristianos.

Este modelo continúa a lo largo del segundo año. Cada cristiano gana una persona para Cristo cada seis meses. Los nuevos convertidos se unen al grupo que testifica. En consecuencia, la mitad del segundo año, los cuatro cristianos han ganado otros cuatro, haciendo un total de ocho. Estos ocho ganan otros ocho, haciendo dieciseis al final del segundo año. Si esto continúa, al final del tercer año habrá sesenta y cuatro cristianos. Al final del quinto año habrá 1,024. Año tras año la comunidad cristiana aumenta... cada vez más rápidamente. Si este esquema sigue sin disminuir, en sólo dieciseis años, habrá arriba de cuatro billones de cristianos, ¡casi la población actual de toda la tierra! ¡*Matemáticamente, en una generación, es posible predicar el evangelio a toda criatura*!

Ahora bien, resulta claro para todos, que en los casi dos mil años que hemos tenido para predicar el evangelio, ninguno consideraría al mundo totalmente cristiano. ¿Por qué no? ¿Qué anduvo mal? Creo que es obvio. *Muy pocos cristianos están, en efecto, compartiendo el evangelio con sus amigos.* Muchos de nosotros hemos optado por dejar a un lado nuestra responsabilidad de ser ministros por amor a Cristo.

La historia confirma este principio. A través de los siglos, cada vez que se ponía en práctica este principio, los resultados eran espectaculares.

Tome, por ejemplo, la iglesia del Nuevo Testamento. La única forma de explicar la asombrosa expansión del cristianismo a través de todo el mundo mediterráneo, es observando una "corriente de espontáneos testigos laicos".[3] En el siglo primero no existían "campañas evangelísticas, juntas misioneras y poca, o quizá ninguna, actividad misionera organizada. Y sin embargo, la iglesia crecía constantemente."[4]

Orígenes, el antiguo historiador de la iglesia, nos cuenta el por qué. "Los cristianos utilizaron todas sus fuerzas para expandir la fe por todo el mundo." Los cristianos "continuaron, por todas partes... sembrando la semilla salvadora del reino de los cielos a lo largo de todo el mundo." Y casi todos estos predicadores intinerantes eran laicos.[5]

En el siglo dieciocho, el gran avivamiento wesliano sacudió a Inglaterra. Mientras la mayoría de la gente reconoció que este movimiento fue incitado por las predicaciones de John Wesley (ayudado por los himnos de Charles Wesley), con frecuencia se olvida que el movimiento creció, se extendió y se conservó como resultado directo de pequeños grupos que Wesley organizó en cuadrillas de testimonio.

En nuestro tiempo, este principio ha sido reivindicado en la experiencia de la iglesia en América Latina. Esta iglesia está en constante crecimiento como resultado directo del entrenamiento de laicos para ser testigos activos. Vemos esto en la frustrada experiencia de una de las grandes misiones: la Misión Latinoamericana.

A mediados de la década de los '50, los dirigentes de la misión estaban preocupados. Era evidente que en sus iglesias, no se manejaba bien el trabajo de evangelización. En efecto, estaban perdiendo terreno. El crecimiento de la población sobrepasaba por lejos el crecimiento de la iglesia. ¡Cada año, el porcentaje de cristianos dentro de la población decrecía!

Cuando los dirigentes de la misión estudiaron la situación de las iglesias para ver qué se podía hacer para mejorar las cosas, se desanimaron. Aparentemente, las iglesias sufrían parálisis y muerte. Pastores cansados y desanimados predicaban trillados sermones a congregaciones indiferentes. Lo único que despertaba el interés de las iglesias, era una nueva inminente división en alguna de las congregaciones a causa de un punto doctrinal menor.

La Misión Latinoamericana se encontraba desalentada en sus intentos por rectificar la situación. En los años posteriores a la Segunda Guerra Mundial, se habían duplicado el número de sus misioneros. Sin embargo, esto no pareció producir ningún impacto importante en la evangelización. También fue desalentador el hecho de que aun cuando sus iglesias no crecían, otros movimientos (la mayoría no cristianos) sí crecían. Resueltos a no darse por vencidos, los líderes de la misión decidieron hacer un estudio del rápido crecimiento de estos grupos, y descubrir así el secreto de su éxito.

Observaron al movimiento comunista. En poco más de cien años, comenzando con un pequeño grupo de hombres y mujeres decididos, este movimiento anti-cristiano había crecido, llegando a ser cerca de un billón de personas en todo el mundo. Observaron también a los Testigos de Jehová. Este movimiento seudo-cristiano estaba creciendo, aproximadamente, en un cuatro por ciento de promedio anual. Luego observaron a la única rama de la iglesia cristiana en América Latina que estaba realmente creciendo, los Pentecostales. En sólo cincuenta años de trabajo, este movimiento cristiano había llegado a los quince millones de miembros.

¿Cuál era el secreto del éxito de estos diversos movimientos? Por cierto no era un mensaje en común. El mensaje de los líderes de la juventud comunista es directamente opuesto al mensaje del pastor pentecostal.

Mientras la Misión Latinoamericana estudiaba la naturaleza de estos movimientos, la respuesta surgió: Cada uno de ellos había movilizado exitosamente a toda su membresía. La misión juntó sus descubrimientos y los volcó en una breve declaración, el así llamado teorema de Strachan: "Una expansión exitosa, en cualquier movimiento, está en proporción directa a su capacidad de movilizar y ocupar a todos sus miembros en una constante propagación de sus creencias." [6]

Seguramaente este teorema ya suena extrañamente familiar. No es nada más que una paráfrasis de Efesios 4:11,12. "Todo laico debe ser activo en el ministerio."

El testimonio de la membresía y los dones espirituales

Pero, ¿de qué manera estamos todos destinados a estar involucrados en el ministerio? ¿No es verdad que ciertos individuos parecieran tener una habilidad especial dada por Dios para alcanzar a la gente con el evangelio, mientras que otros fracasan miserablemente? Un segundo concepto teológico es vital en este punto, para no mal interpretar el llamado de Pablo al ministerio laico y así producir un cuerpo cristiano desequilibrado (y en consecuencia, enfermo). Me refiero al concepto de los dones espirituales.

No solamente enseña Pablo que todo cristiano ha de estar involucrado en el ministerio activo; va más allá y dice que la naturaleza de este ministerio se define a través de nuestro don espiritual. En 1 Co 12, señala las siguientes pautas acerca de los dones espirituales:

1. Hay diferentes clases de dones (vv. 4-6).

2. Cada cristiano tiene un don (v. 7).

3. El Espíritu Santo es la fuente de todos los dones (vv. 8-10); ver también 12:28 - 13:3; Ro 12:3-8; Ef 4:11).

4. No todos tienen el mismo don, y para la salud del cuerpo, es necesario que todos los diferentes dones se utilicen en conjunto (vv. 12-26).

Estos cuatro aspectos son cruciales. La Misión Latinoamericana fracasó al no reconocer el principio de los dones espirituales; como resultado, estropeó la primera década de su programa "Evangelismo a fondo". Tanto en su expectativa como en su entrenamiento, se suponía que *todo* cristiano poseía el don de evangelista. Como resultado, muchos cristianos e iglesias se desanimaron. En todos los casos, sin excepción, fracasaron en no movilizar a la totalidad de la comunidad cristiana. En intentos más recientes de "movilización total", fueron tomados en cuenta la variedad de dones espirituales, y los resultados llegaron a ser más satisfactorios. [7]

Esto significa que el cumplimiento de la Gran Comisión requiere la movilización de laicos activos, que utilizan sus dones espirituales. Y aquí surgen dos preguntas: ¿De qué manera una persona discierne su don espiritual?, y ¿qué papel tienen aquellos cuyo don no es la evangelización en los pequeños grupos de extensión (o en cualquier forma de evangelización)?

¿Don o rol?

La respuesta a la primer pregunta está más allá del propósito de este libro. Ese discernimiento involucra: un estudio bíblico de la doctrina de los dones espirituales; experimentar con varios dones; evaluar su sentir cuando ejercita distintos dones, y los resultados que ve cuando usa ese don; también la confirmación de hermanos y hermanas en Cristo que en verdad usted tiene dicho don. Sobre este tema hay un gran número de excelentes libros. [8]

De un modo interesante, la evangelización en pequeños grupos ofrece a muchas personas la oportunidad ideal para examinar sus dones, porque requiere varios de ellos: el don de liderazgo (Ro 12:8); el de hospitalidad (1 P 4:9,10); el de animación (Ro 12:8); el de enseñar (Ro 12:7); el de la oración (aunque no se encuentra en ninguna "lista" de los dones —cada una de las cuales, de todas maneras, es parcial— este don es evidente en las vidas de ciertos cristianos); y también el de la evangelización (Ef 4:11).

Al descubrir que existe un don tal como el de la evangelización, y en consecuencia, que no todos lo tienen, muchos cristianos respiran aliviados y llegan a esta equivocada conclusión: "Yo *sé* que no tengo este don, por lo tanto no intentaré más compartir mi fe con mis amigos". ¡Pero ésta es una conclusión

errada! Fracasan en distinguir entre *dones espirituales* y *roles cristianos*, como dice Peter Wagner [9] Cada cristiano tiene una habilidad particular dada por Dios (un don espiritual), pero todo cristiano también tiene alguna responsabilidad en todas las áreas (el rol del cristiano).

Wagner lo ilustra con el don de ofrendar (Ro 12:8). Se refiere a R.G. LeTourneau, el industrial de Texas que revierte la forma normal del diezmo. El y su esposa entregaron el noventa por ciento de su empresa a una fundación cristiana. Del restante diez por ciento que guardaron, ¡donaron el noventa por ciento de los ingresos! Los LeTourneau tienen el *don* de la ofrenda; pero sigue vigente una verdad: que todo cristiano está llamado a dar con gozo para suplir las necesidades de otros (2 Co 9:7). Este es un *rol* que todos debemos asumir.

La misma distinción entre don y rol se aplica en la evangelización. Ciertas personas tienen el don de la evangelización, pero todos los cristianos son llamados a cumplir el rol de testigo. Nuestra responsabilidad colectiva es proclamar a Cristo a través de nuestras palabras y hechos.

¿Qué es un testigo?

Tal vez, parte de nuestra duda de ser fieles testigos surge por no comprender *cómo* se testifica. Al escuchar a Billy Graham predicar, muchos laicos llegan a la conclusión de que testificar de manera efectiva involucra una gran habilidad verbal, inclusive una gran habilidad retórica. Pero en efecto, un testigo, de acuerdo con el diccionario, es simplemente "una persona que... puede dar un informe de primera mano de algo." ¿Cómo damos este "informe acerca de algo" (en realidad, de *alguien*)? De tres maneras: a través de nuestra participación, nuestra vida y nuestras palabras. Quizá al ver ésto, nuestra ansiedad acerca de testificar se calme.

Testigo a través de la participación. Somos testigos cuando nos involucramos, de una u otra manera, en esfuerzos evangelísticos emprendidos por la iglesia. Por ejemplo, algunos años atrás participé en un esfuerzo evangelístco juvenil. Las iglesias de esta comunidad en particular, querían llegar a los de afuera: a aquellos jóvenes que jamás se acercaban a la iglesia. Sabían que no lo podían lograr celebrando reuniones en sus iglesias, por lo tanto, para alcanzarlos decidieron usar los hogares. Pero para organizar un proyecto de esta manera, se necesitaba la ayuda de un gran número de laicos. Se requerían líderes de grupos. Hacían falta anfitriones y anfitrionas en los hogares. Adolescentes cristianos deberían encargarse de la parte musical. Ahora bien, ¿quiénes eran los testigos en este proyecto? ¿Solamente esas pocas personas que efectivamente hablaban en las reuniones caseras? No, cada uno de los que participaban del proyecto, ya sea escribiendo las invitaciones o hablando, ésos eran los testigos.

Debemos ser claros en este punto porque a veces se menosprecia esta forma de testificar. "Oh, estás haciendo *nada más* que afiches de propaganda porque temes hablar a otros de Cristo". Este puede ser un caso. Pero en más de una ocasión, la gente perdió su vergüenza y comenzó a testificar de una manera más directa, como consecuencia de haberse anotado en el lado aparentemente "mundano" de un programa de extensión.

Para que un esfuerzo de extensión tenga éxito, deben ser realizadas todas las tareas mecánicas (confección de afiches, o la colocación del sistema del sonido). Pero estas actividades deberían ser sólo el primer nivel de compromiso en toda la tarea como testigos. Se debe procurar vincular todas estas actividades, con la de testificar a través de nuestra vida y palabras.

Testificar por medio de nuestro estilo de vida. También testificamos a través de la clase de vida que vivimos. En este sentido, cada uno de nosotros somos un testigo de Cristo (bueno o malo) porque a través de nuestras acciones y actitudes decimos mucho acerca de nuestra fe cristiana a los que nos rodean. Leighton Ford nos da un buen ejemplo sobre esto:

> "*No hace mucho leí acerca de una estudiante universitaria que trató de testificar a su compañera de habitación, pero creyó que había fracasado. La primera parte del período escolar fue un tiempo de enfermedad y dificultad. Para su asombro, cuando regresó de sus vacaciones se encontró con la noticia de que su compañera se había convertido a Cristo y dio esta razón: `He observado en qué forma has sufrido'.*"[10]

No debemos fingir lo que creemos que un cristiano debe ser, cuando en realidad para nada somos así. Esta deshonestidad aleja a los demás porque aparece como una presumida piedad. Lo que sí atrae (más adelante ampliaré el tema) es una persona auténtica, que enfrenta problemas reales en el asombroso poder de Cristo.

¿Qué tipo de vida debemos anhelar? ¿Qué clase de vida sirve para ser testigo? ¿Una vida buena y perfecta? No, las Escrituras no nos dicen que tratemos de ser buenos. Se nos dice que debemos ser "dedicados a Cristo". La diferencia es abismal. Si somos devotos a Cristo, la bondad aparecerá naturalmente; mientras que si la bondad, y no Cristo, es nuestra meta, estamos condenados al fracaso. Pedro lo dice muy bien: "Estad siempre preparados para presentar defensa con mansedumbre y reverencia ante todo el que os demande razón de la esperanza que hay en vosotros" (1 Pedro 3:15).

Testificar a través de las palabras. Esto nos conduce hacia la tercera forma de testificar: por medio de nuestras palabras. Notemos que Pedro dice que si vivimos una vida consagrada a Cristo, seremos, sin duda, demandados acerca de ella. Y cuando seamos demandados debemos ser capaces de expresar en palabras "la esperanza" que tenemos. Nuevamente, la experiencia de Leighton Ford lo ilustra maravillosamente:

"El pasado mes de octubre estuvimos en Nueva Orleans. Una joven y atractiva pareja nos invitó a mi esposa y a mí a almorzar. Mientras nos dirigimos a su hogar, descubrimos que eran líderes de la vida social y empresaria de aquella ciudad y que sólo hacía un año que eran cristianos. Dos años atrás se habían encontrado con una cautivante pareja de la ciudad de Oklahoma. Inmediatamente, notaron algo diferente en esta pareja. El recién llegado a la ciudad era un exitoso hombre de negocios, pero no un esclavo de su carrera. En su esposa habían notado una ausencia de comentarios maliciosos acerca de otras mujeres y los chismes malignos a los cuales estaban tan acostumbrados. Finalmente, luego de un año no pudieron aguantar más y le preguntaron a la nueva pareja, `¿Por qué son tan diferentes?'. Y a continuación escucharon el relato de cómo aquellos amigos habían encontrado a Cristo en la ciudad de Oklahoma durante la Cruzada de Billy Graham. Como resultado, esta pareja de Nueva Orleans entregó sus propias vidas a Cristo." [11]

Nuestro propósito último es poder expresar en palabras la naturaleza de nuestra fe. Necesitamos aprender cómo hacerlo, con claridad y precisión.

Todos somos llamados a ser testigos de Cristo: a través de nuestra participación, nuestra forma de vida y nuestras palabras. *Nuestra meta debe ser expresarnos de las tres formas.* Y a medida que lo hacemos, nos transformamos en lo que somos llamados a ser en este mundo: testigos activos de Cristo.

Extensión y oración

Además del concepto del ministerio laico y de la idea de los dones espirituales, existe un tercer principio que debemos considerar: el rol de Dios en la extensión. Hasta ahora el enfoque se ha concentrado en la actividad del pueblo de Dios. Y esto, verdaderamente, es bíblico. Dios, en su sabiduría inescrutable, ha elegido alcanzar al mundo con el evangelio a través de su pueblo. Pudo haber, simplemente, escrito su Palabra en el cielo todas las noches con luces chispeantes. Pero no eligió hacerlo de ese modo. Eligió obrar por medio de su pueblo, por lo tanto es vital explorar la manera de *cómo* su pueblo debe evangelizar. Pero es igualmente vital explorar aquel otro lado de la evangelización: la actividad soberana de Dios de abrir los corazones de mujeres y hombres para que escuchen y comprendan el evangelio. Como he escrito en otra oportunidad:

"La evangelización no es sólo actividad humana. Si así fuere, sería imposible. ¿Quién puede cambiar el corazón humano? ¿Quién es capaz de responder a la profunda necesidad humana? Si este fuese asunto nuestro, la evangelización sería manipulación. Afortunadamente, la otra mitad de cualquier esfuerzo evangelístico está envuelto de lo sobrenatural. Es Dios el Espíritu Santo quien abre los corazones a nuestro mensaje y trae fe en Cristo Jesús. Es el Espíritu Santo quien regenera la vida de aquellos que experimentan la conversión. Por esto, como evangelistas nos sentimos aliviados de la necesidad de ser exitosos. Ese es el trabajo del Espíritu Santo. Nuestro llamado es ser fieles en hacer la evangelización.

Así es que la evangelización ha de estar empapada con la oración. Por la oración reconocemos nuestra dependencia en la obra de Dios. Por la oración reclamamos el poder de Dios en las vidas de los hombres y las mujeres. Por la oración recibimos la guía que necesitamos para hacer la evangelización a la manera de Dios. Por lo tanto, cuando se trata de la evangelización, la iglesia debe orar desde el principio hasta el final. Se ha observado que con frecuencia, los más exitosos esfuerzos evangelísticos tienen lugar donde un grupo de cristianos ha orado por años, generalmente sin un proyecto específico en mente, pero para que Dios alcanzara una comunidad en particular.

La oración es necesaria en la planificación: que Dios nos dé discernimiento, guíe nuestras decisiones y envuelva nuestras actividades con poder. La oración es vital en la evangelización misma: para que los corazones se sientan movidos, para que los cristianos reciban el mensaje y poder de Dios, y que el resultado sean conversiones. La oración es la base misma del trabajo posterior: para el establecimiento de los nuevos creyentes, para que las iglesias sean comunidades cálidas y nutrientes, y para que prevalezca la vida espiritual. En otras palabras, ¡no podemos evangelizar a menos que oremos!" [12]

Permítanme resumir lo que estoy diciendo, enfocándolo de otra manera. Piense por un momento acerca del mundo en el cual vivimos. Se necesita poca reflexión para ver que es un lugar desesperadamente necesitado. Si lo duda, simplemente tome el periódico de hoy y marque en rojo todas las noticias que tratan sobre la muerte, enfermedad, tensiones internacionales, conflicto o crimen. Pronto observará que su periódico es una masa de marcas rojas.

Mejor aún, reflexione por un momento en sus amigos, compañeros de clase, socios, parientes o vecinos. ¿Cuáles son sus problemas? ¿Qué tensiones están enfrentando? ¿Hay problemas conyugales? ¿Adolescentes a quienes sus padres no pueden comprender? ¿Problemas de enfermedad? ¿Problemas en el trabajo? La necesidad del mundo no es algo "lejano". Afecta aún a aquellos que conoce personalmente.

Dirija sus pensamientos hacia adentro por un momento. Al hacerlo, haga mentalmente una lista de los problemas que usted enfrenta, las tensiones con las cuales vive, las relaciones personales difíciles que tiene que manejar.

Es evidente que en muchos sentidos, el mundo es un lugar triste. Las dificultades están fuera y dentro nuestro. La pregunta es: ¿Cómo podemos manejarnos al enfrentar estos problemas? ¿Debemos simplemente resignarnos a todo y continuar el camino de la mejor manera posible, deseando que mejore?

La resonante respuesta que el cristiano da a la pregunta es ¡no! La vida es mucho más que una tediosa resignación. Es cierto que hay muchos problemas. Pero *por este motivo vino Cristo*. Vino a este mundo difícil en el cual vivimos y vivió como un hombre y luego murió y se levantó de entre los muertos: *todavía hoy vive*. El está con vida, y nos está llamando a una relación consigo. Nos llama a una relación de amor y perdón, una relación por la cual somos rescatados de nuestros pecados e insuficiencias. Y nos hace —lenta pero seguramente— la clase de personas que fue su propósito hacer cuando nos creó. No vino a sacarnos del mundo, sino a estar con nosotros en el mundo, dándonos su amor y poder y así capacitarnos para hacer frente a nuestro mundo; a ser, como dice Pablo "más que vencedores".

Qué mensaje increíble tenemos frente a las necesidades de este mundo. *El mundo debe oir esto*. Esto es lo que el mundo espera.

Pero ¿cómo podrá la gente oir esto, "oir" de tal manera como para captar el significado del mensaje?

Sólo hay una respuesta: el mundo debe oir a través de nosotros, los laicos cristianos. Y cuando vamos adelante con el trabajo, y les contamos a otros estas buenas noticias, el mundo comenzará a cambiar. La historia lo ha demostrado. Si vamos adelante con nuestra tarea, nuestra ciudad comenzará a cambiar; nuestros amigos cambiarán; creceremos y cambiaremos.

Pero en nosotros está la decisión. Dios nos ha llamado para proclamar este gran mensaje. ¿Nos atreveremos a desobedecer?

Interacción

Practicando la evangelización: un examen personal.

Una cosa es *saber acerca* de los principios básicos de la evangelización; otra es *vivirlos*. El objetivo de las siguientes preguntas es darle la oportunidad de reflexionar acerca de su posición en relación a estos tres principios. No considere a las preguntas como una forma de juicio. ("Si soy un cristiano verdadero, estoy obligado a hacer todo esto.") Más bien, recordando que *todo* cristiano está en un proceso de crecimiento, trate de fijar exactamente dónde se encuentra usted. De esta manera se dará cuenta dónde necesita crecer.

3. ¿Qué es lo que más le ha gustado en sus experiencias como ministro? ¿Qué le ha gustado menos? ¿Por qué?

4. ¿Cuál ha sido su experiencia en la evangelización? ¿Cómo se siente con respecto a esta experiencia?

A. *Todo miembro es un ministro*

1. ¿Le gusta la idea de que todo cristiano es llamado a un ministerio activo? ¿Por qué sí, o por qué no?

5. ¿Cómo se siente con respecto a este curso de capacitación en la evangelización por medio de pequeños grupos? ¿Qué espera de él? ¿Cuáles son sus temores?

2. ¿Cuál ha sido su experiencia en el ministerio, anteriormente? ¿Cuál es su experiencia actual?

B. Usando los dones espirituales

1. Lea Romanos 12:3-8, Efesios 4:11,12 y 1 Corintios 12. Escriba una lista de los dones espirituales que se nombran en cada pasaje.

diariamente como parte de mi tiempo devocional. Oraré acerca de mi don mientras busco conocer cuál es.")

2. ¿Cuál don (o dones) cree que podría ser el suyo? ¿En qué basa su conclusión?

C. Dependiendo de Dios para traer fruto

1. ¿Cuál ha sido su experiencia de orar por otros para que se encuentren con Cristo? ¿Por quiénes ha orado? ¿Con qué resultado?

3. ¿Cómo se podrían usar sus dones espirituales en el contexto de la evangelización?

2. Piense en experiencias que ha observado de cómo Dios responde a la oración. Piense en casos donde Dios atrajo a una persona a sí mismo. Piense en su propia experiencia de llegar a Cristo.

4. ¿Cuál es su próximo paso con respecto a los dones espirituales?

___ Necesito *investigar* este tema.

___ Necesito *probar* el don que creo tener.

___ Necesito *entrenarme* para el uso de mi don.

___ Necesito comenzar a *usar mi don* para alcanzar a otros para Cristo.

___ Necesito:

3. ¿Ha orado para que Dios le dé una actividad donde desarrollar un ministerio específico? ¿Cuál ha sido el resultado? ¿De qué manera oraría por esta aventura de aprender a hacer la evangelización en pequeños grupos?

5. ¿Qué hacer, ya mismo, para crecer en este área? (Por ejemplo: "Buscaré un libro acerca de los dones espirituales. Lo leeré

2

Vencer las dudas y temores:

Los problemas en el testimonio

¿Nunca ha encontrado problemas en ser testigo? ¡Usted nunca ha testificado!

Era la semana anterior a Navidad. Me encontraba solo, parado en la peatonal de Boston. Estaba oscuro. Las lamparitas de colores en los árboles de navidad brillaban vivazmente. La nieve caía en forma suave. La gente corría cargada de paquetes. En mi mano tenía cuarenta y cinco folletos anunciando un espectáculo evangelístico para esa misma noche en una iglesia cercana. Creímos que era el momento ideal para evangelizar: la navidad hace pensar a la gente en el niño Jesús. Todos estaban llenos de alegría y amor y conscientes de su familia. Seguramente estaban predispuestos al evangelio.

Por supuesto, nos equivocamos. La mayoría de las personas estaban llenas de frustración y no de alegría ("¿Qué podría comprarle a la tía Susana que le guste?"). Estaban pensando cómo pagarían todos esos regalos. Por cierto que no disponían de cuarenta y cinco minutos para mirar un espectáculo evangelístico, aunque fuese "deslumbrante", "estimulante" y "gratis" (como lo anunciaba nuestro folleto). No estaban con ánimos de conversar acerca de Jesús.

Los cuarenta y cinco folletos que sostenía eran exactamente cinco menos de los que había tenido una hora atrás. Ni siquiera aceptaban nuestros volantes. Me sentía frustrado. Me sentía desdichado. Pensé, "Así que esto es testificar."

Me dí por vencido y fui a ver un espectáculo. El cine estaba oscuro y no tenía que hablarle a nadie. Basta de la evangelización.

La mayoría de nosotros hemos tratado de compartir nuestra fe y hemos descubierto que no resultó exactamente como lo aprendimos en la clase de evangelización. Entonces nos preguntamos: ¿Por qué no es tan fácil y exitoso testificar como se nos dijo?

Parte del problema radica en los cursos mismos. Por lo general son muy mecánicos y sin mucha comprensión de cómo es el diálogo de la gente; tampoco toman en cuenta la amplitud y variedad de formas en que Dios penetra en la gente. Otra parte del problema está en nosotros mismos. No nos agrada la vulnerabilidad y el riesgo al rechazo al que somos expuestos cuando buscamos compartir, con otra persona, que el seguir a Cristo es el mejor camino. Y como consecuencia testificamos con miedo, sin entusiasmo, mucho menos con persistencia.

Un sinnúmero de dudas específicas nos acosan cuando pensamos acerca de testificar. Y es necesario examinarlas cuidadosamente para que no nos paralicen aun antes que comencemos. Al examinar estas dudas, encontraremos que muchos de nuestros temores son infundados. Aquello que tememos que suceda raramente ocurre. Mientras que otros temores, aunque reales, pueden ser superados. Este es el énfasis de este capítulo: Sí, *tenemos temores y debemos reconocerlos, pero pueden ser superados*.

Si nuestra intención de ser fieles testigos de Cristo es seria, entonces debemos enfrentar y superar nuestro temor. Si no, simplemente estaremos jugando, fingiendo "aprender cómo testificar", mientras en nuestro fuero interno sabemos que probablemente nunca hablaremos a nadie acerca de Cristo.

Por lo tanto, el primer paso para vencer nuestro temor es determinar exactamente qué es lo que nos preocupa. El segundo paso es admitir que tenemos un problema. El tercer paso es abordar lo que hemos encontrado. Podríamos descubrir que nuestro temor es infundado, y por simple adquisición de información precisa, ponerlo a un lado. O podríamos descubrir que nuestro temor es real y requiere de nuestro trabajo para vencerlo. En cualquier caso, crecemos en nuestra habilidad de compartir a Cristo.

Lo que sigue es una lista de obstáculos comunes en la tarea de testificar, juntamente con sugerencias de cómo hacer frente a cada uno de ellos.

Temores objetivos

Existen, por ejemplo, todos esos temores que son absolutamente auténticos (no *podemos* hacer aquello que se nos pide hacer), pero que pueden ser superados (al aprender nuevas habilidades).

¿Qué diré? Este temor toma esta forma: "No puedo compartir mi fe porque no sé qué decir. Soy cristiano y mi fe es real e importante, pero cuando llega el momento de hablar

de ella, mi lengua se me retuerce toda y mis pensamientos nunca salen claros."

Si éste es su temor, no se desanime; hay muchos cristianos exactamente como usted. Encuentran que ser cristiano es una cosa; hablar acerca de Cristo es completamente otra. Es importante prestar atención a esa advertencia interior. Si en verdad su lengua se retuerce, entonces usted debe dedicar tiempo y energía en aprender el contenido del Evangelio. Esta inversión producirá ricas recompensas porque es posible y relativamente fácil aprender a expresar su fe coherentemente. Este es el tema de los capítulos 6 y 7.

¿Cómo lo digo? Un segundo temor relacionado reza así: "Correcto, comprendo cómo expresar el evangelio, pero el hecho es que nunca sé en realidad cuál es el momento apropiado para hacerlo. Mis conversaciones pocas veces tienen que ver con el cristianismo."

Este es otro problema que puede ser superado. El verdadero problema es la destreza en el hablar. La habilidad en el hablar varía de una persona a otra. Algunas son naturalmente sociables y afables, mientras que otras somos tímidas e indecisas. Pero otra vez, podemos aprender a "hablar como cristianos". Este es el tema del capítulo 3: aprendiendo habilidades básicas para conversar.

¿Qué pasa si no puedo contestar una pregunta? Todos conocemos este temor. Usted se encuentra en medio de una animada conversación sobre el cristianismo. Todo ha resultado bien. Se ha expresado correctamente. Sus amigos están interesados. El contexto es apropiado. Pareciera que están llegando a temas básicos. Y entonces se formula *la pregunta*. Es una buena pregunta. Es una *verdadera* pregunta. En realidad, es una pregunta cuya respuesta a usted también le gustaría tener. Pero éste es el problema. Usted no tiene la respuesta, no tiene nada que decir. Por lo tanto, toda la conversación tropieza en

una interrupción embarazosa y poco satisfactoria. Mientras sus amigos se van retirando, una angustia en la boca de su estómago le dice que ha perdido la partida, convencido de que ha desilusionado a Jesús.

La primera respuesta es que este temor es altamente hipotético. Esa escena sucede, por lo general, solamente en nuestra imaginación. Es cierto que la gente tiene preguntas reales acerca del cristianismo. Pero rara vez son preguntas totalmente nuevas o completamente inesperadas. Después de trabajar varios años en la evangelización entre universitarios, Paul Little dijo que podía anticipar en un 95 por ciento de exactitud las preguntas que le formularían en el curso de una hora de conversación con no cristianos.[1]

Por lo tanto, con un poco de trabajo, podemos aprender cómo responder a la mayoría de las preguntas; no de una manera trivial, sino cuidadosamente, porque hemos comenzado a analizar las cuestiones claves. Existen buenos libros sobre este tema. Por ejemplo, en castellano el libro "Cristianismo básico" de John Stott (Ediciones Certeza) nos da datos acerca de las evidencias históricas de la vida, muerte y resurreción de Jesús. Josh McDowell ha escrito dos libros famosos acerca de las evidencias del cristianismo: "Evidencias que demandan un veredicto" y "Más evidencias que demandan un veredicto" (Cruzada Estudiantil). Conocer a fondo, aunque sea uno de estos libros, le dará gran confianza en la conversación. Descubrirá que el cristianismo no es simplemente un cuento de hadas, sino que descansa sobre un sólido fundamento histórico.

¿Pero qué pasa si después de todo esto, todavía me formulan una pregunta que no puedo responder adecuadamente? ¡Simplemente admita su ignorancia! Lo que cuenta en tales situaciones, no es un conocimiento total, sino la honestidad. Nadie espera que usted tenga un conocimiento enciclopédico del cristianismo. Sin embargo, al decir "No sé", dé un próximo paso y ofrézcase para buscar una respuesta. Las respuestas existen; descubrirlas, será un gratificante proceso, tanto para usted, como para su amigo.

Falsos temores

Mientras algunos temores son reales y se los puede abordar aprendiendo nuevas habilidades o dominando nuevos conocimientos, existen otros temores que son más imaginarios que reales. Surgen de nuestros sentimientos. Y como son irracionales (por el hecho de tener poca base de objetividad), son por lo general de difícil manejo. Estos son los temores que realmente bloquean nuestro testimonio.

¿Qué sucede si ofendo? Por lo general sospechamos que nuestros amigos no están interesados en el cristianismo y que sacar el tema sería ofensivo. Me pregunto si este temor no tiene sus raíces en el refrán que dice: "Si quieres mantener amigos, no hables de religión ni de política." Una y otra vez he descubierto que la gente está realmente interesada en el cristianismo. Algo curioso ha sucedido en los Estados Unidos. Al mismo tiempo que menos y menos personas saben algo del cristianismo, hay un interés creciente en lo místico y sobrenatural. A la vez hay una curiosidad natural y refrescante acerca del cristianismo. La gente realmente desea conocer quién es Jesús y qué enseñó. No quieren dogmas, quieren datos. Eso no quiere decir que una vez presentados los datos, habrá una inmediata convicción de que Jesús es la persona que él decía ser. Pero, por lo menos, el interés está allí. Esto nos explica por qué la evangelización en pequeños grupos es tan apropiada. La gente quiere discutir el cristianismo, y el grupo pequeño es el ambiente ideal para hacerlo.

La gente no se ofende por una conversación directa acerca de la fe, sino por la pretensión de que seamos "el gran gurú" con todas las respuestas, las cuales arrojamos como proyectiles, en una piadosa jerga cargada de una actitud de juicio y de superioridad. Esto *es* lo ofensivo. Desafortunadamente, los cristianos que actúan así, por lo general no se dan cuenta de lo que han hecho. Al ver que la otra persona se ofende, dicen para sí: "La Biblia nos cuenta que el cristianismo será una ofensa para muchos." Pero es su *manera* de ser lo que ofende tan profundamente, que el oyente probablemente no pudo ni siquiera oir el evangelio. Creo que todos conocemos cristianos así. Esta arrogancia por lo general oculta inseguridades básicas. En lo íntimo ellos se deben preguntar: "¿Es el cristianismo realmente todo lo que dicen?", y cubren sus dudas tratando de persuadir a otros para que acepten su punto de vista. (Los sicólogos lo llaman "disonancia cognositiva".) Lo que hacen no es testificar, sino manipular, y esto es ofensivo.

No obstante, a veces la gente se ofende aun cuando somos moderados, afectuosos y sensibles. Si éste es el caso, y el cristianismo es la ofensa, generalmente existe una buena razón. Probablemente han tenido una mala experiencia en algún momento de su pasado con cristianos o el cristianismo. En este caso, no podrá avanzar mucho hasta que la persona esté dispuesta a hablar acerca de su mala experiencia. Cuando estas personas se abran, posiblemente sienta compasión por su situación. ¡Tal vez un amigo cristiano resultó ser una verdadera desgracia! O tal vez descubra que aquello que escucharon (y rechazaron) no era en realidad el cristianismo, sino una secta que usted también rechaza. La mayoría de las personas, cuando sienten que somos honestos, sensibles y afectuosos, siempre se abren.

¿Qué sucede si me rechazan? Relacionado con el temor de ofender, está el temor a la desaprobación. Aún siendo francos con respecto a nuestra fe, tememos ser rechazados por nuestra familia, amigos y colegas. Este es un temor profundo, ya que a nadie le agrada ser rechazado.

Hasta cierto punto, este es un temor auténtico. En situaciones donde hay mucha presión social hacia la uniformidad (como por ejemplo, el colegio secundario, pequeñas comunidades étnicas), los que son "diferentes" son excluídos. Aunque esto es desagradable (probablemente la palabra sea demasiado suave para el angustiante dolor que tal rechazo, a veces, produce), no es *su* problema. El problema es del grupo. Si usted ha sido afectuoso, honesto y abierto, y no fue aceptado, es muy poco lo que puede hacer. Exigirse ser lo que usted no es, y guardar para sí mismo sus más profundas ideas y sentimientos, es un precio demasiado alto de pagar para ser aceptado. A veces, usted será rechazado por un grupo en particular, debido a su cristianismo. Y otras, no podrá escaparse de tal situación (de su familia, por ejemplo). De todos modos, la comunidad cristiana frecuentemente le dará la comunión que estos grupos no le dan.

Este, no obstante, es el peor escenario. La mayoría de los grupos tienen un lugar para aquellos que son "diferentes", cuando ven que esta diferencia tiene un efecto positivo. Tal vez lo que verdaderamente tememos es la desaprobación y el desacuerdo. ¿Qué sucede si testificamos y nuestros amigos no nos creen? ¿Qué pasa si no sólo piensan que estamos equivocados sino que somos tontos? Nuevamente, este problema es más de la otra persona que suyo. Una forma de no enfrentar un tema es declarar que es falso o sin significado. Pero usted sabe que el cristianismo es aceptable, tanto a nivel intelectual como a nivel de experiencia. Sin embargo, no es fácil soportar que se rían de nosotros. A pesar de la tentación de reaccionar, aférrese a la amistad, sea afectuoso, pero aferrándose a la verdad que ha descubierto. Reconozca su necesidad de aprobación, pero no permita que sofoque su testimonio.

¿Qué si fracaso? Algunas personas sienten que a pesar de saber que deben compartir su fe, también saben que si intentan

hacerlo, van a fracasar. Si voy a fracasar, razonan, ¿para qué intentarlo?

Hay varios problemas con este tipo de razonamiento. No debemos pensar en el éxito y el fracaso cuando llega el momento de testificar. Dios no nos llama a tener *éxito* en nuestra tarea de testificar; nos llama a ser *fieles*. Los resultados le conciernen a Dios. El Espíritu Santo abre los corazones y mentes de una manera que conduce a la entrega. Nuestro trabajo es el de compartir fielmente. Sin duda ésta es la enseñanza de la parábola del sembrador (Marcos 4:1-20). Antes del único éxito, se registran tres tipos de *fracaso*. ¿Y quién produce este éxito? Marcos nos dice seis versículos más adelante (en la parábola de la semilla que creció) que es la tierra fértil la que produce el grano, no el sembrador. ¿Quién prepara la tierra? El Espíritu Santo. Nuestra tarea es sembrar la semilla de la Palabra de Dios. Dios produce el crecimiento.

Por supuesto, le podemos dar un mal uso a esta parábola e interpretar que la fidelidad y no el éxito, es nuestra meta y así excusarnos por no insistir en la entrega. Pero como alguien dijo, refiriéndose a otro mensaje de Jesús: "Pescadores de hombres están destinados a *pescar* hombres, no solamente influirlos. ¿Qué pensaríamos de un pescador que dijera: `¿Cuántos peces he pescado? Oh, no he *pescado* ninguno, pero he *influído* a unos cuantos.'" [2]

Existe otra dimensión de este temor al fracaso. ¿Sobre qué base definimos el éxito? ¿Hemos hecho un trabajo adecuado solamente cuando hemos visto que las personas realmente entregan sus vidas a Cristo? Sin duda, éste es el deseo de nuestros corazones, pero sólo Dios sabe cuándo alguien está listo para entregar su vida a Cristo. Tal vez el propósito que nos podemos fijar, en un momento en particular, es simplemente el de ayudar a que alguien dé un paso más en dirección a Cristo. Usted no puede medir esto, pero seguramente este momento es muy valioso. Algún día esa persona podrá ser ayudada por otra, cruzará el umbral y entrará al reino. Sin la ayuda que usted le diera años atrás, tal vez esta persona nunca habría venido a Cristo.

Sea fiel y deje que Dios se preocupe del peregrinaje de aquellos a quienes usted habló.

¿Seré un hipócrita? Algunos tenemos miedo de que si nos atrevemos a compartir nuestra fe, nos llamarán hipócritas. ¿Quién soy *yo* para testificar? No soy perfecto. Tengo errores. Tengo muchas cosas en mi vida de las cuales no me siento feliz ni orgulloso.

Por supuesto, todo esto es verdad. No somos perfectos. Esto es lo que nos dice la teología del pecado. "Todos pecaron..." (Ro 3:23). El problema no es que seamos imperfectos, sino que fingimos no serlo. La falsedad es la raíz de la hipocresía: es pretender ser algo que no somos.

Este es un problema potencial en el testimonio. Cierta clase de teología dice: "La gente viene a Cristo cuando ve personas felices, exitosas y plenas." Esta mentalidad de que "Jesús te hace victorioso", confunde el resultado de la salvación con el proceso de la santificación. La salvación significa que, algún día, seremos personas cabales frente a un Señor Santo. Pero por el momento somos personas débiles, que estamos siendo transformadas progresivamente en personas completas, por obra de un Señor poderoso.

Por lo tanto, cuando hablamos de testificar, la idea no es cómo llegar a ser lo suficientemente bueno para compartir a Cristo. La meta a lograr es ser honesto, compartiendo la manera en que Cristo me capacita para hacer frente a mi debilidad. La intriga de los no cristianos, será descubrir cómo una persona imperfecta (como ellos), con problemas reales (como los de ellos), sale adelante con el asombroso poder de Cristo. La pregunta no es: "¿Somos perfectos?" sino "¿Estamos creciendo?"

Como John White lo expresó: "No espere ser perfecto para testificar. Testificar significa ser honesto todo el tiempo... ahora. Nunca cubra su debilidad para testificar. El mundo no espera ver un cristiano perfecto, sino el milagro de la gracia actuando en un cristiano débil e imperfecto." [3]

¿Qué si no estoy creciendo como cristiano? Es correcto decir que lo importante es el continuo crecimiento, y no la perfección. ¿Pero qué pasa si no está creciendo? ¿Qué pasa si Cristo parece distante? ¿Qué, si las realidades de la fe que usted afirma parecen poco más que propuestas intelectuales sin vida? Seguramente esto afecta su habilidad para testificar.

Nuevamente, esta experiencia no es inusual. En el curso de la vida, todo cristiano atraviesa ciclos de aridez durante los cuales la fe parece irreal. A veces podemos dar una razón a esta sensación de alienación. Tal vez, por ejemplo, simplemente no nos estamos entregando a la disciplina espiritual que produce vitalidad. No oramos. Rara vez leemos las Escrituras. Tenemos poca comunión con otros creyentes. No asistimos mucho a la iglesia. No es de extrañar que Cristo parezca distante. Es distante, en el sentido de que simplemente no nos abrimos a su presencia. (El siempre está allí, pero no siempre estamos conscientes de él.) Probablemente no tendremos mucha motivación para testificar. En tales momentos necesitamos reabrir nuestras vidas a Cristo. Esto generalmente implica introducir en nuestro ocupado estilo de vida, un tiempo regular y provechoso con Cristo y su pueblo.

En otros momentos, podemos atravesar por un período de sequedad espiritual sin saber la razón. Oramos, pero las palabras rebotan en el cielo raso. Estudiamos la Biblia, pero ella no tiene vida. Adoramos, pero nuestra mente vaga por cosas triviales. Una abundante literatura de todas las edades nos indica que tal aridez es absolutamente normal. Pasará. Y mirando atrás, se dará cuenta que aprendió valiosas lecciones que de otro modo no se hubiesen logrado. Esa "oscura noche del alma" no es cómoda, pero valiosa si perseveramos.

Pero ¿cómo testificar cuando Cristo parece distante? Exactamente de la misma manera que testificamos en cualquier momento. Reflejando con honestidad aquello que sabemos de Cristo, y no fingiendo ser lo que no somos. Durante esos períodos, es más difícil testificar, aunque potencialmente son muy fructíferos, ya que nos acercamos a la gente sin demasiadas respuestas y con humildad. Y así el poder de la debilidad (que es el poder de Dios) se abre paso y llega a la gente.

¿Es Cristo realmente el único camino? Si no sentimos que tenemos algo cierto, vital y poderoso para decir, no testificamos. ¿Para qué hacerlo? Especialmente en este siglo que dice que toda verdad es igual, y que la verdad absoluta no existe. Este espíritu de la época nos afecta muy profundamente. Tenemos recelos de entremeternos en los asuntos ideológicos o experimentales de otros. "¿Quién soy yo", razonamos, "para afirmar que Cristo es *el* Camino, *la* Verdad y *la* Vida?" Esa actitud parece agresiva e intolerante. Y por eso callamos.

Si esto halla eco en su mente, recuerde lo siguiente: U*sted* no inventó la idea de que Jesús es el único camino. Esta afirmación pertenece a Jesús. Usted está simplemente citándolo (Juan 14:6).

Indudablemente, esto plantea la siguiente pregunta: ¿Quién es Jesús para afirmar tales cosas? Si en verdad él es Dios encarnado, deidad en carne humana, entonces tiene sentido que formule tal declaración. En realidad, *no* haberlo dicho hubiese sido engañoso. Peor aún, callando la única verdad que permite la salvación del ser humano, hubiese sido menospreciar a la gente. Pero no lo hizo. Con toda claridad, Jesús dijo: "Yo soy el Camino, la Verdad y la Vida." Y lo dijo porque él es precisamente eso.

El segundo tema que debemos abordar, es el profundo y engañoso impacto de la cultura en nuestras actitudes. A esta cultura del siglo XX, no le gusta las afirmaciones absolutas. Es muy difícil para la mayoría de nosotros decir: "Jesús es el Camino", por miedo a que nuestros amigos no nos entiendan, o que lo interpreten como un juicio, o que nos crean arrogantes.

Y, por supuesto, no queremos ser arrogantes. Necesitamos la actitud que D.T. Niles nos recomienda cuando dice que la evangelización "es un mendigo que le dice a otro dónde encontrar pan".[4] Para afirmar "la verdad" necesitamos la actitud de ese mendigo; es ser humilde, sin pretensiones, persuadido de sus escasos méritos. En ese comentario Niles también sugiere que debemos tener Pan para ofrecer. De lo contrario, ofreceremos falsas esperanzas y en consecuencia, haremos un grave daño. No es por casualidad que Jesús también declara: "Yo soy el pan de vida" (Juan 6:35).

¿Qué si no soy un cristiano? Parece una cosa extraña. ¿Por qué podría surgir esta pregunta de alguien que leyera este tipo de libro? Porque querer compartir a Cristo da lugar a que nos preguntemos sobre nuestra propia relación con él. La gente toma contacto con Cristo de muy variadas maneras. Para algunos, el encuentro fue muy claro; recuerdan con exactitud la fecha y lugar. Pero para otros, para aquellos que crecieron en una iglesia, la respuesta a la pregunta "¿Conozco a Cristo?" no es absolutamente obvia. Asisten a la iglesia. Creen en las ideas y valores cristianos. Son activos en el servicio. Sin embargo se preguntan "¿Por qué estoy metido en el cristianismo? ¿Solamente porque mis padres eran cristianos y me llevaron a la iglesia? ¿Estoy aquí simplemente porque aprecio la calidad de las amistades o la buena música o los valores cristianos? En realidad, ¿tengo una relación con Cristo?" Estas preguntas son válidas en una persona que no se convirtió siendo adulto.

Tampoco son preguntas inapropiadas. Todos debemos hacer frente a este tema con honestidad: ¿Conozco a Cristo? ¿He abierto mi vida a Cristo en arrepentimiento y fe? ¿Es Jesús el centro de mi vida? ¿Está él como Señor y Maestro? ¿Es a él a quien sirvo activamente?

¿Es Jesús su Señor? Hasta que no aclare esta pregunta su testimonio será, necesariamente, tentativo. No podrá hablar a otros acerca del cristianismo con poder y profundidad, a menos que haya logrado enfrentar y responder a esta pregunta. No podrá hablar acerca de Cristo a menos que haya tenido un encuentro real con él.

Todo esto nos proporciona una pista muy valiosa para encontrar la esencia del testimonio mismo. En una conversación no nos concentramos en una ética, una organización, una ideología, un estilo de vida o aún en un conjunto de doctrinas. Podemos hablar de cada uno de estos temas, porque son una parte de la cosmovisión cristiana. Pero la esencia del evangelio siempre está en la relación entre un ser vivo y un Cristo vivo. Jesús es el centro de nuestro testimonio. Si hacemos de cualquiera de estos temas el punto fundamental, estamos sacando la esencia del cristianismo.

No estamos planteando una sola manera de tener una relación con Cristo. Algunas personas se convierten repentinamente, otros lentamente. Para algunos significa un cambio gradual que abarca muchos años. Para otros el cambio se produce en etapas, con una serie de eventos visibles que marcan su senda. Otros (como Pablo) se convierten de repente, sin una preparación visible. La preocupación no es cómo nos encontramos con Cristo. La preocupación es si *sabemos* que hemos venido a él en arrepentimiento y fe.

Una sensación de incapacidad

Así como varios temores pueden impedir el testimonio activo, una sensación de incapacidad también estorbará nuestra manera de compartir la fe. Sentimos que nos falta algo crucial para realizar la tarea. Por ejemplo, decimos "Testificaría si tuviera tiempo, o si estuviese motivado, o si tuviera fe." Creemos que si pudiéramos obtener estos elementos evasivos: —tiempo, motivación, fe— entonces testificaríamos.

Falta de tiempo. Todos nos consideramos personas muy atareadas. Y es verdad. Nuestros días están llenos; no vemos de qué manera comenzar una nueva actividad. Sin embargo, *logramos solucionar exigencias inesperadas a nuestro tiempo*. Por ejemplo, un amigo nos dice "tengo dos entradas para el partido del sábado". No necesitamos que nadie nos convenza para acompañarlo. Y sin embargo, para el sábado habíamos planeado pintar el otro dormitorio. Pero eso puede esperar... y así seguimos. Cuando reflexionamos, vemos que en realidad no es una cuestión de "falta de tiempo". Básicamente es una cuestión de prioridades. *Hacemos aquello que queremos hacer*. Simpre encontramos tiempo para las cosas que realmente nos atraen.

Sería interesante (aunque nos desconcertaría) hacer un control durante una semana de cómo empleamos el tiempo. Un amigo, que lo hizo, se horrorizó al descubrir el tiempo que dedicaba a los deportes. Otro descubrió que dedicaba un promedio de dos horas diarias a la jardinería.

Ahora bien, ni la jardinería ni los deportes son un mal en sí. Pero la pregunta queda en pie: ¿Cuánto tiempo usamos para dichas actividades, en proporción al tiempo que dedicamos a hacer lo que *decimos* es lo más importante para nosotros?

Falta de motivación. El problema de tiempo es, en realidad, un problema de motivación. Si estamos motivados, hallaremos el tiempo para realizar una gran cantidad de cosas. Pero con mucha frecuencia, no nos sentimos motivados como cristianos para compartir nuestra fe con otros. ¿Por qué? Tenemos un mensaje que este mundo necesita desesperadamente. Sin embargo, cuando comparamos el nivel de motivación del cristiano promedio con el nivel de motivación de un miembro de alguna secta, el resultado es devastador.

¿Qué nos debería motivar a testificar? Una cosa es, sin duda, el mandato de nuestro Señor: "Id, y haced discípulos a todas las naciones." Por ser él nuestro Señor, tiene el derecho de exigirnos obediencia. No obstante, ésta es una motivación externa; alguien que nos dice que debemos hacer algo. Es una motivación legítima, pero es una exigencia que viene de afuera.

Una motivación más profunda y poderosa sería aquella que surge de la riqueza de nuestra experiencia personal con Cristo. "Conozco el amor de Cristo y por lo tanto no puedo evitar contárselo a otros." Si no estamos motivados para compartir a Cristo, tal vez sea porque no nos hemos nutrido en nuestra relación con él. Esta es una de las causas fundamentales: *La pérdida de nuestra experiencia personal con Cristo, trae como consecuencia la pérdida de motivación*. Podemos encontrar solución a este problema real, en la experiencia de un grupo pequeño. A menudo, cuando estamos luchando espiritualmente, es a través de nuestros hermanos y hermanas en Cristo, dentro del contexto del grupo de comunión, donde comenzamos a recuperar nuestro sentido de la presencia de Dios.

Falta de fe. No creo que hayamos llegado aún a la raíz del problema de la motivación. Sinceramente, para mí, el problema de la motivación fue realmente un problema de fe. Cuando era más joven, un obstáculo para dar mi testimonio era la inseguridad que sentía: ¿En realidad es Cristo la respuesta a las necesidades de todo el mundo? El era la respuesta a mis necesidades. Lo creía. Lo experimentaba. Sin embargo cuando era honesto, sabía que dentro mío había una profunda duda en cuanto a los otros. No estaba seguro de que también ellos lo necesitaran.

Observaba al joven seguro de sí mismo, con un traje costoso, una novia hermosa, un auto deportivo y un trabajo excelente. He aquí un hombre que no necesitaba nada, pensaba. Probablemente no necesitaba a Cristo.

Comencé a resolver este problema de incredulidad, cuando empecé a ver lo que había debajo de las apariencias. Para mí fue una gran revelación descubrir que todos usamos una máscara que esconde nuestro verdadero ser. Dejamos ver en público solamente una imagen cuidadosamente elegida. Pero debajo de la máscara, es donde está el verdadero yo, allí existen necesidades profundas: soledad interior, desesperación callada, falta de motivación, temores, culpa, inseguridad. Y *todos somos así*. Nadie está exento. Todos necesitamos a Cristo. Cualquier esfuerzo de testificar será mediocre a menos que estemos convencidos de que toda persona necesita realmente a Cristo.

¿Cómo resolver esta clase de incredulidad? No puedo darle una respuesta fácil, excepto decirle que debe investigar este tema en diferentes grados de profundidad. Por empezar, usted debe formularse la pregunta clave: ¿Creo verdaderamente que Cristo es el Hijo único de Dios, cuya vida, muerte y resurrección abrió la posibilidad para que la humanidad conociera a Dios? Debe permitir que su *mente* se persuada de que el cristianismo es la verdad, y que Cristo es aquel que proclamó ser.

Y una vez que su mente se convenza, entonces sus emociones también serán persuadidas. Dentro suyo debe *saber* que la gente necesita a Dios. Este conocimiento crece a medida que crecemos en Cristo. En cierto sentido, es un conocimiento que sólo Dios nos puede dar. Si éste es su problema, debería orar para tener la capacidad de ver a la gente tal como la gente es.

Evangelización malentendida

Para algunos, no son ni el temor ni la sensación de incapacidad los obstáculos para el testimonio. Más bien, es una mala comprensión del significado de la evangelización y del testimonio.

Muchos cristianos sinceros tienen grandes dudas acerca del valor de la evangelización. Consideran que la evangelización está asociada con sentimentalismo, explotación de la gente, confesiones lacrimógenas, hipocresía y manipulación coaccionada. La imagen que tienen de una reunión evangelística es comparable a la mezcla de una reunión política altamente poderosa y de un circo. No es de extrañarse entonces, que para algunos la "evangelización" se ha transformado casi en una blasfemia teológica.

Desafortunadamente, estas imágenes tienen algún fundamento. Se han cometido muchos abusos en nombre de la evangelización. Pero estas actividades ofensivas no son inherentes a ella; sino que son distorsiones, y no características de la evangelización. La esencia de la evangelización no es un *método* en particular, sino un *mensaje* particular: un mensaje acerca de la vida, muerte y resurrección de Cristo. Las formas y métodos a través de los cuales se presenta el mensaje pueden variar ampliamente. Por lo tanto no deje de evangelizar porque su mente está asociada con métodos con los cuales usted no está de acuerdo.

Otros sospechan de la evangelización, porque sienten que no responde a los verdaderos problemas del mundo actual, como el hambre, el odio racial y la guerra. Una vez más, debo decir que a veces este juicio es correcto. Algunos cristianos sienten que cumplen su deber con el mundo, ocupando un banco en una campaña evangelística. Preocupados por las necesidades espirituales de sus vecinos, se olvidan de las necesidades físicas que ellos tienen.

Pero no es éste el modelo bíblico. Santiago tiene palabras severas para tales personas: "Supongamos que a un hermano o a una hermana les falta la ropa y la comida necesarias para el día; si uno de ustedes les dice: `Que les vaya bien; abríguense y coman todo lo que quieran', pero no les da lo que su cuerpo necesita, ¿de qué les sirve?" (2:15,16).

Nuestro Señor abarcó en su ministerio el interés por lo físico con el interés por lo espiritual. Consideró a la gente como a seres totales, con necesidades tanto físicas como espirituales. Tratar de evitar cualquiera de estas necesidades es ser infiel a la totalidad del evangelio. Esto debe estar reflejado en la verdadera evangelización.

Los dos énfasis son necesarios. Con frecuencia se ha dicho: existen tantos problemas sociales porque "hay pocas personas que se preocupan". Estoy de acuerdo. Pero en general la gente no se preocupa porque no puede. Sus propios problemas son tan profundos y tan desgastantes que sólo se pueden interesar por lo suyo. Tales personas pueden empezar a preocuparse solamente cuando tengan soluciones para sus necesidades personales. Esto es posible cuando encuentran una nueva vida en Cristo. La evangelización es, por lo tanto, el fundamento de la preocupación social; al encontrar a Cristo, las personas están lo suficientemente libres de sus propias necesidades como para acercarse a las necesidades del prójimo. La dicotomía entre la evangelización y la acción social es falsa.

Si su testimonio está frenado porque cree que la evangelización está relacionado con ciertas "técnicas", puede estar seguro de que no es así. El testimonio más profundo y notable que podemos dar es cuando nos mostramos totalmente transparentes: permitiendo que los otros vean y oigan a Cristo a través nuestro. ¡El problema en la mayoría de nosotros es que damos muchas vueltas, evitando mencionar a Cristo!

Interacción

Yo y mi testimonio

Muchos de nosotros, impedidos de alguna manera u otra, no testificamos verbalmente con constancia de Cristo. Mientras intentamos ser testigos, llegamos al momento en que tenemos que enfrentarnos con nuestras propias dificultades, y entonces, debemos decidir cómo manejarlas.

Lea, lentamente y meditando, las siguientes preguntas, observando cuáles son las que reflejan con mayor exactitud su situación actual. Marque las respuestas que describen mejor sus propios sentimientos o reacciones habituales a la evangelización, aunque no sean los sentimientos y reacciones ideales que usted quisiera tener.

1. Experimento cierta dificultad al hablar a otros acerca de Cristo porque:

   a. Tengo temor de ofender si lo hago.

   _____

   b. En realidad no sé qué diría si tratara de hablarle a otra persona.

   _____

   c. No siento que sea mi don hablar a otros acerca de Cristo.

   _____

   d. Si se produce una discusión sé muy bien que sería incapaz de responder a las preguntas que se me formulen.

   _____

   e. Creo, si soy honesto, que no estoy seguro de que mis amigos necesiten a Cristo.

   _____

   f. He visto a cristianos testificando, y me sentiría terriblemente avergonzado si tuviera que hacer algo así.

   _____

   g. Me siento muy inseguro cuando debo decir que tengo una relación real con Cristo.

   _____

   h. Aunque en verdad conozco a Cristo, temo que rara vez experimento su poder e influencia en mi

32

vida.

_____

i. Tengo miedo que no acepten lo que les digo.

_____

j. No quiero ser hipócrita.

_____

k. Simplemente no estoy motivado para testificar.

_____

l. Creo que la evangelización es para las sectas.

_____

ll. Simplemente no me gusta imponer mis opiniones a los demás.

_____

m. No soy muy bueno para conversar, especialmente cuando el tema es profundo.

_____

n. Mi verdadero temor es que si hablo acerca de mi fe, mis amigos me podrían rechazar.

_____

o. Sé que si trato de hablar no lo haré bien; ¿por qué he de hacerlo si a nadie le gusta fracasar?

_____

p. No tengo amistades importantes con no cristianos.

_____

q. ¿Quién soy yo para hablar? Mi vida no es tan admirable.

_____

r. Realmente no tengo tiempo para relacionarme de esta manera con los demás.

_____

s. Mis amigos no están verdaderamente interesados en el cristianismo.

_____

t. Si en verdad hago la evangelización, no tendré tiempo para cuidar de la gente necesitada para quienes Cristo

me llamó.

_____

2. Vuelva atrás sobre las frases que marcó. Al lado de cada una, indique si esa dificultad se solucionaría por medio de capacitación, estudio o la práctica. ¿Cuáles son los problemas más urgentes? A continuación haga una lista de lo que podría hacer para enfrentar los problemas claves.

3. En los próximos días, sea particularmente sensible a las oportunidades naturales que surjan, en las que pueda hablar acerca de Cristo. Confeccione una lista de las personas con quienes, probablemente, tendrá oportunidades de conversar.

4. Resisto involucrarme en cualquier tipo de esfuerzo evangelístico porque:

a. No dispongo de tiempo. (Mientras evalúa cómo usa su tiempo, determine cómo podría cambiar su horario para involucrarse más en actividades evangelísticas.)

b. Simplemente no me agrada la evangelización, y soy reacio a asociarme con tales esfuerzos. Lo que me disgusta de la evangelización es:

Un compromiso delante de Dios

Emprender este curso de entrenamiento es un acto de fe y un compromiso. Lea el siguiente pacto. Espero que después de considerarlo en oración, usted pueda comprometerse con Dios de esta manera.

"Habiendo reflexionado acerca de mis propios sentimientos, estoy dispuesto a emprender este curso de entrenamiento como un acto de fe. Por esto me comprometo con Dios para:

1. Darle a este curso *prioridad uno* durante las próximas nueve semanas, asistiendo fielmente, leyendo y estudiando con diligencia, y actuando con constancia para poner en práctica aquello que aprendo;

2. Abrirme a la *influencia del Espíritu Santo* para aprender de él;

3. Abrirme al *poder y presencia de Cristo* para llegar a conocerle de una manera más profunda y rica;

4. Abrirme a *mis amigos*, para compartir con ellos aquello que estoy aprendiendo de Cristo;

5. Abrirme a *los demás en el grupo*, para aprender y compartir con ellos aquello que aprendí, desde la perspectiva única que Dios me dio."

Si usted puede comprometerse de esta forma, sin reservas, descubrirá que su paso de fe tendrá respuestas que ni siquiera puede anticipar. Que Dios le dé la fe para hacerlo.

Señor, tú me conoces tan bien. Tú conoces todas las excusas que uso para evitar hablar de tí con los demás. Presento mis excusas ante tí ahora. Ayúdame a transformarme en un ser libre y natural cuando hablo de tí. Que conozca tu poder en mi vida para que cuando hable sea el resultado de una relación vital contigo. Señor, como siervo muy débil e inadecuado, te ofrezco ahora los talentos que tengo. Utilízalos mucho más allá de mis expectativas. Haz que mi experiencia de compartirte con otros sea de gozo. Amén.

3

Comunicando nuestra fe:

El arte de la conversación cristiana

Nuestra tarea como laicos es vivir nuestra comunión personal con Cristo con tal intensidad que sea contagiosa.
(Paul Tournier)

Hablar con otros de nuestra fe, tendría que ser fácil . Después de todo, si el compromiso cristiano es el centro de nuestra vida, lo difícil, entonces, sería evitar mencionar a Cristo en el curso de una conversación común.

Pero la cosa no funciona así. La mayoría de nosotros no hablamos acerca de la diferencia que la fe hace a nuestro estilo de vida; o de cómo la relación con Cristo nos ha dado un nuevo significado de la vida; o de qué forma llegamos a la convicción de que Cristo es el único Hijo de Dios. ¿Por qué no? ¿Por qué la conversación acerca de Cristo no es simple y natural?

Indudablemente estamos inhibidos por nuestra cultura. En la mayoría de las situaciones, la fe no es un tema de conversación. No surge naturalmente cuando estamos esperando en la cola del mercado, o en una fiesta. Podemos hablar informalmente del sexo, el dinero y las drogas, pero hablar de Cristo es inusual (a pesar de que mucha gente está interesada en él). Por lo tanto, como la fe no está en nuestra agenda cultural, resulta un gran esfuerzo sacar el tema.

Sin embargo, parte del problema es personal, y no cultural. Cuando tratamos de hablar del cristianismo, nos damos cuenta que no tenemos las palabras apropiadas para transmitir los conceptos de la fe. Si mencionamos arrepentimiento o salvación, justificación o redención, nuestros amigos nos miran con asombro. No saben qué queremos decir.

Pero el obstáculo más grande para un testimonio fácil y natural es nuestra falta de sinceridad. Nos sentimos incómodos tratando el tema de la fe, excepto cuando lo hacemos con cristianos. No hemos aprendido a ser sinceros.

Testificar no significa aprender nuevas "técnicas", o repetir de memoria una serie de palabras, sino simplemente ser sinceros. De acuerdo a lo que dice John White, testificar es

> *"ser honesto, esto es, ser consecuente con lo que Dios ha hecho en tu manera de hablar y en tu conducta diaria. Tal honestidad demandará que hables acerca de Cristo con aquellos incrédulos que conversan contigo. El hecho de que en el pasado hayas tenido que*

inventar trucos para crear oportunidades de hablar de las realidades espirituales prueba que subconscientemente has estado invalidando las oportunidades que continuamente se presentan... si tú eres siquiera parcialmente honesto (la honestidad total es rara y es cosa difícil), en una conversación con un no creyente va a resultarte muy difícil el evitar hablar acerca de Cristo y lo cristiano. ¿Dices tú que es difícil testificar? Yo afirmo que con un poco de honestidad resulta imposible no testificar." [1]

Cierta vez, cuando hablé a un grupo de estudio bíblico acerca de este tema, una mujer se me acercó y me dijo: "Creo entender lo que usted quiere decir. Hoy mismo, cuando venía hacia aquí, mi vecino me preguntó dónde iba. Le dije, `Oh, voy a la casa de una amiga.' En realidad era así, pero siento que habríamos podido entablar una conversación realmente interesante, si yo hubiese sido totalmente sincera y hubiese dicho `Oh, a la casa de una amiga donde tenemos estudios bíblicos semanales.' Pero no lo hice por temor a que él quisiera hablar acerca del estudio bíblico."

Su experiencia es típica. En vez de ser francos acerca de nuestra fe en Cristo, ¡muchos evitamos efectivamente las oportunidades de hablar acerca de él! Debemos aspirar a ser lo que Bruce Larson llama "cristianos conversadores":

"Tener un diálogo con un cristiano cuyo don es el diálogo, es una experiencia rara y maravillosa. Siempre estaré agradecido por una conversación que mantuve con una persona así. Me escuchó. Estaba interesado en mis luchas, dudas y esperanzas. Parecía entenderme. Compartió conmigo algunos aspectos de su propia vida que eran muy parecidos a los míos. Finalmente oró conmigo, no de una manera condescendiente sino como una persona que también buscaba lo mejor de Dios. Después de esa conversación me sentí una persona diferente... la gente está ávida de recibir amor y de sentirse aceptada. A través del arte de la conversación podemos demostrar

que Dios nos conoce, nos ama y nos comprende." [2]

Pero ¿cómo podemos llegar a ser "cristianos conversadores"?

Sinceridad

La sinceridad es el primer paso, pero la sinceridad no es fácil. A todos nos gusta dar la mejor impresión posible, para gustar a los demás; y secretamente todos tenemos miedo de que si la gente realmente nos conociera no nos apreciaría. Muy pronto en nuestras vidas, aprendemos a usar disfraces y aparentar ser aquello que creemos agrada a los demás. Y esta falta de transparencia se traslada a nuestro testimonio. Nuestro instinto habitual es disfrazar nuestra fe.

Pero la sinceridad se puede aprender. Comience por ser sincero consigo mismo. Luego sincero con aquellas personas más cercanas a usted. Luego ensanche este círculo de sinceridad para incluir familiares, amigos, conocidos y finalmente, extraños. *Nuestro propósito es hacer de la sinceridad un reflejo automático.* [3]

Pero hay que tomar en cuenta que el grado de sinceridad depende de cada relación en particular. Aquello que comparte con su esposo o esposa, por ejemplo, no es necesariamente apropiado para compartirlo con su vecino. A veces cuando la gente descubre la idea de sinceridad, siente que debe salir corriendo y contar todo a todos. No sólo podría resultar molesto para el que oye ("¿Por qué me cuenta esto? Esto no tiene nada que ver conmigo."), sino que tales revelaciones podrían dañar a otras personas cercanas. El objetivo es desarrollar una personalidad transparente; y no divulgar con indiscreción toda su vida.

La sinceridad también involucra compartir sueños así como fracasos: ¿Qué aspiramos? ¿Cuándo nos hemos sentido sinceramente amados? ¿Qué nos motiva?

Finalmente, aunque la sinceridad es nuestro objetivo, nadie puede ser totalmente transparente. Iremos creciendo en nuestra habilidad de ser transparentes a medida que nos propongamos ser personas en quienes otros no adviertan engaño o falsedad.

Habilidades para la comunicación

Pero la sinceridad sola no es suficiente. Ella nos proporciona incentivo y voluntad, pero aún podemos ser frenados por nuestra falta de *habilidad* en la comunicación. La comunicación es algo curiosa. La practicamos constantemente. No podríamos funcionar dentro de la sociedad si no fuésemos capaces de comunicarnos. Como resultado, llegamos a sentir que la comunicación es fácil y natural, como comer o dormir. Y por lo tanto, jamás se nos ocurre que necesitamos aprender algo más acerca de la comunicación.

El problema en la comunicación es el *ruido*. "Ruido" se ha transformado en un término técnico usado por los teóricos en comunicaciones para describir "cualquier cosa que interrumpe, distorciona o distrae nuestros mensajes." A veces es un ruido físico. Su vivienda, por ejemplo, puede estar situada cerca de una autopista muy transitada, imposibilitando la realización de una fiesta. Los invitados no pueden oirse por el ensordecedor tráfico. O puede ser un ruido sicológico. El medio ambiente interior del oyente desbarata el mensaje. Usted le está contando acerca de la fantástica fiesta de la noche anterior, pero él está pensando acerca del impuesto que tiene que pagar mañana.

El propósito de toda comunicación es vencer el ruido y de este modo transferir lo que esté en nuestra mente a la mente del oyente con una mínima distorsión. ¿Cómo podemos hacerlo? ¿Cuáles son las habilidades en la conversación que promueven una comunicación clara?

Hablando con claridad. Algunas personas suponen que todas piensan como ellas. Con muy poca consideración en la elección cuidadosa de las palabras, de la gramática o de la sintaxis, simplemente escupen ideas de la misma forma que piensan. Pero no todos piensan de la misma manera. Cada persona interpreta el mundo a través de una lente propia, y no existen dos lentes iguales. Todos sabemos lo que significa la palabra "gato", y la podemos distinguir de un perro o de una banana. Pero lo que "sentimos" con respecto a un gato variará de una persona a otra. Uno que se crió rodeado de gatos, piensa que no hay mejor cosa que sentarse en su sillón favorito con un buen libro y el ronroneo de un gato. Otro, en cambio, fue mordido por un gato salvaje cuando era niño, y desde entonces, los odia. Otro es alérgico a los gatos. Por lo tanto la palabra "gato" evoca algo diferente en cada una de estas personas.

Algunas palabras generan una reacción particularmente fuerte, más allá de su significado literal. Por los años cincuenta la palabra *comunista* creó una reacción histérica en muchos norteamericanos. En los años sesenta la palabra *hippie* provocó la ira de muchos. En los años setenta la palabra *Vietnam* generó enormes sentimientos. En los años ochenta palabras como *aborto* y *congelamiento nuclear* despertaban fuertes emociones.

Las palabras no sólo poseen contenido sino que evocan un sentir particular. Los cristianos nos sentimos bien con respecto a la palabra *arrepentimiento*, entendiendo que el arrepentimiento trae una gran esperanza: podemos cambiar y ser perdonados. Pero para nuestros amigos no cristianos, esta palabra huele a emocionalismo falso y llorosos penitentes; ¡no tiene nada que ver con ellos!

Debemos también prestar atención al *contenido* de las palabras que usamos. ¿Qué sentido tiene utilizar términos teológicos que nosotros comprendemos, pero que nuestos amigos no los van a entender? Aunque una palabra no tenga un sentido negativo para ellos, si no pueden captar su significado, no nos sirve. Debemos hablar acerca del arrepentimiento, pero lo debemos hacer utilizando palabras y frases comprensibles. En lugar de usar la palabra *arrepentimiento*, podemos afirmar que la vida de toda persona va en una de dos direcciones: o hacia Dios (y entonces hacia la vida y la sanidad), o alejándonos de Dios (hacia la muerte y la desintegración). Si vamos alejándonos de Dios, necesitamos detenernos y tomar la decisión de volvernos y seguir los caminos de Dios. Esta es la esencia del arrepentimiento. Podemos hablar acerca del tema sin usar una sola palabra teológica excepto *Dios*. (Aunque será necesario explicar el significado de *Dios* a algunas personas.)

Aprender a hablar acerca del evangelio sin terminología teológica no será una habilidad optativa. Muchos interpretarán mal el evangelio cuando utilizamos palabras teológicas sin traducirlas. Simplemente no entenderán lo que decimos, y como consecuencia llegarán a conclusiones erróneas acerca del evangelio.

Demanda esfuerzo y habilidad al comunicarnos, no dar solamente el contenido objetivo de las ideas, sino también el sentimiento subjetivo . Afortunadamente, la conversación ofrece amplias oportunidades para la "retroalimentación", que es el mejor remedio para el ruido. *Retroalimentación* se refiere, durante una conversación común, el dar y recibir por medio de preguntas y respuestas.

Por ejemplo, aquella amiga que odia a los gatos afirma: "Es obvio que a usted realmente le gustan los gatos. Me resulta bastante desagradable y difícil de comprender. ¡Son bestias tan salvajes!"

"Los gatos... ¿salvajes? Jamás me he encontrado con un gato salvaje", responde usted. "Déjeme contarle acerca de Michi. Si alguna vez existió un gato amoroso..." y se lanza a un cálido y mimoso relato de su gato.

Su amiga responde con su experiencia cuando fue mordida. Y lentamente, a través del diálogo, cada uno comienza a comprender cómo y por qué la otra persona tiene ese sentimiento con respecto a los gatos.

Esto es retroalimentación. Es esencial para la claridad en una conversación. Por esta razón, el monólogo en el testimonio resulta por lo general en un fracaso. El simple acto de descargar una pila de frases teológicas a un desconocido en la peatonal, no es testificar. En cambio, usted debe crear ese tipo de situación que dé lugar a la retroalimentación, donde el dar y recibir sea posible hasta lograr claridad. (Esto es, a propósito, lo que un pequeño grupo ofrece.)

Existen por lo menos otras dos técnicas para asegurarse que su mensaje sea comprendido: el uso de la redundancia creativa y el uso de múltiples canales de comunicación. En la comunicación, la *redundancia* es la utilización de la repetición para asegurar una transmisión completa. Cuanto más se escuche el mensaje, existe mayor posibilidad de ser comprendido. Redundancia *creativa* significa repetir el mismo mensaje en una variedad de formas. Si simplemente repito las mismas palabras, pronto no seré escuchado, mientras que si comunico la esencia del mensaje de distintas maneras, la otra persona comprenderá lo que estoy diciendo.

El uso de *canales múltiples* tiene el mismo propósito. En lugar de transmitir el mensaje sólo a través del teléfono, dígalo también en persona, donde su lenguaje corporal lo complementará. Además, lleve un folleto con el mensaje. Estos tres canales (voz, cuerpo, texto impreso) son mejores que uno solo (la voz).

Escuchando con cuidado. Otra habilidad esencial para una comunicación y un testimonio efectivos es escuchar. Cuando escuchamos cuidadosamente, oímos lo que le interesa a la otra persona (y así aprendemos a conseguir su atención). Llegamos a comprender las palabras e imágenes que forman su mundo interior, o cosmovisión, y así vamos mejorando nuestra habilidad para comunicarnos. Escuchando las necesidades y aspiraciones de otras personas, aprendemos cómo Cristo puede ayudarlos.

Por supuesto, una buena comunicación tiene que ver no sólo con nosotros, sino con otras personas. Cuanto más cuidadosamente escuchemos, mayores serán las posibilidades de comprensión. Pero ahí está el problema. ¿Cómo lograr que la gente escuche cuidadosamente?

Otros nos escucharán cuando vean que nosotros los escuchamos. Si no hemos escuchado, ¿cómo nos concederán la misma cortesía? Generalmente ganamos nuestro derecho a hablar, sólo después de haber escuchado sus preocupaciones. Cuando hemos escuchado su planteo, tal vez quieran oír lo nuestro.

A veces el simple hecho de escuchar es suficiente. Una mañana, mientras un pastor se encontraba preparando su sermón del domingo, fue interrumpido por una llamada telefónica. Una perturbada feligresa le pidió si podía ir inmediatamente para consultar un problema terrible. Poco después la señora llegó a su casa. Se sentó, comenzó a hablar y en los siguientes cuarenta minutos vació su corazón. Todo lo que el pastor hizo fue asentir en los momentos apropiados para indicar que comprendía. Repentinamente finalizó. Sonrió y cuando se levantó estaba relajada. Luego, agradecía al pastor sinceramente por toda la ayuda que le había dado y se retiró. Era una mujer cambiada. ¡El pastor sólo había escuchado mientras ella arreglaba su propio problema!

Existe todavía otra fase del escuchar. *Las personas nos escucharán cuando logremos captar su atención.* Es así de simple... y así de difícil. Porque en el mundo hay una gran competencia que busca la atención de la gente. Las radios emiten su música pegadiza. Los afiches ostentan imágenes provocativas. La televisión seduce con su forma simplista de ver la realidad. Los titulares de los periódicos y sus artículos de fácil lectura, exigen que los leamos. Son tantas las voces que nos bombardean, que filtramos la mayoría de ellas sin pensarlas. ¿Por qué, entre tanto ruido, escuchará *mi* mensaje?

Hay una variedad de formas para captar la atención de la gente. Nuestros amigos nos escuchan simplemente porque son amigos, y somos importantes para ellos. (¡Lo que es una buena pista para saber con quiénes debemos compartir nuestra fe!) También podemos captar su atención por medio de un cuento gracioso o una anécdota. O tal vez usando palabras brillantes o metáforas cautivantes. Pero lo más importante será que la gente escuchará cuando perciban que tenemos algo trascendental para decirles. Nos escucharán cuando apuntemos a sus necesidades o aspiraciones reales.

Esto es determinante. Debemos desarrollar la sensibilidad con respecto a las necesidades y aspiraciones de los demás. Es cierto que Cristo vino a solucionar el problema de nuestros pecados. Pero las personas experimentan el pecado de diferentes maneras. Para algunos, es el resultado de una serie de relaciones personales fracasadas, que los lleva finalmente a aceptar que tienen un problema. Para otros, es a través de la soledad, la falta de metas o una profunda ansiedad, que reconocen su necesidad personal. Aún otros temen la muerte, o se encuentran incapacitados por una dependencia destructiva: a las drogas, el alcohol, el sexo, el dinero, la comida o la televisión. En cada uno de estos casos en particular, Cristo puede resolver el problema. Y la gente nos escuchará si nos dirigimos a ellos en su problemática. Una cosa es decir "Cristo murió por su pecado." Otra muy diferente es decir a un amigo que no tiene objetivos en su vida: "Jesús desea que tú participes en la construcción de su reino. El mundo está lleno de necesidades: personas hambrientas, familias lastimadas, una sociedad distorcionada. Cuando vengas a Jesús, ¡tendrás tantos motivos para vivir, que si no te cuidas, no tendrás tiempo para dormir!"

Pero ¿cómo conocer la necesidad en la vida de otra persona? Teniendo una relación honesta y cariñosa con ella. La mayoría de las personas se resisten a admitir su necesidad. Pero si hemos sido abiertos y honestos y nos han observado ser francos con nuestras necesidades y enfrentarlas, ellos también se abrirán. Recién entonces podemos compartir cómo Cristo puede solucionar sus necesidades.

El conversador cristiano, entonces, es abierto y honesto, escucha atentamente y habla con cuidado y claridad para responder a las necesidades reales de los demás. Esta no es una habilidad fácil o rápida de aprender, pero es posible lograrla. Por lo tanto, cada uno de nosotros, por el bien del reino, debe aprender las habilidades de la conversación.

Interacción

Compartiendo nuestra fe con los demás

"¿Hablar yo acerca del cristianismo? ¡Ojalá pudiera, pero no puedo! ¿Qué podría decir?"

¿Cuántas veces *usted* se ha sentido así? No es el único. La mayoría de las personas evitan compartir su fe con el mismo fervor con que evitan una plaga. ¿No es extraño que nos cueste tanto hablar de Cristo con los amigos que no concurren a la iglesia?

Sin embargo, la norma del Nuevo Testamento es compartir con otros las cosas maravillosas que Cristo ha hecho. Tal vez encontremos algunas lecciones para nostros en Marcos 5:1-20. Lea el pasaje y responda las siguientes preguntas acerca del relato:

1. ¿A *quiénes* se menciona en esta historia?

2. Este relato se desarrolló a orillas de un lago "donde existían muchas cuevas en las rocas calizas, y muchas de estas cuevas eran usadas como tumbas para colocar cuerpos. En el mejor de los casos, era un lugar misterioso; debió ser verdaderamente sombrío al caer la noche." [4] Utilizando el pasaje y un mapa de la Biblia, trate de localizar el lugar.

3. ¿Con qué título el hombre se dirigió a Jesús?

Aunque los hombres muchas veces vacilan acerca de quién es Jesús, note que los seres sobrenaturales sabían exactamente quién era.

4. De su conocimiento de las leyes dietéticas judías, ¿estos pastores podrían haber sido judíos? ¿Por qué sí o por qué no?

5. Imagínese ahora que es usted un periodista. Escriba un artículo de este incidente en sus propias palabras como si fuera para "La Gazeta de Palestina". Incluya: (a) una descripción del hombre y su historia; (b) su encuentro con Jesús; (c) la reacción de los demonios, cómo terminaron; y (d) la reacción de la población local.

6. ¿Cuál fue la primera reacción de la gente hacia Jesús? ¿Por qué piensa que reaccionaron como lo hicieron?

7. ¿Cuál fue la segunda reacción, cuando él se fue?

8. ¿Qué les hizo cambiar de actitud?

9. ¿Qué le enseña esto acerca del valor de compartir con sus vecinos lo que Jesús ha hecho?

10. ¿Qué cree usted que el endemoniado, ahora sanado, les contó a sus amigos acerca de Jesús?

11. ¿Qué les podría contar a sus amigos acerca de lo que Jesús ha hecho en su vida? Sea honesto y natural al responder. Dedique tiempo a esto, y luego compártalo con alguien.

Todo negocio tiene un comienzo. Lo mismo sucede con nuestra fe. Nuestros intentos inciales pueden sonar, y con justa razón, artificiales y forzados, pero son comienzos y muy necesarios. Hoy es el día para comenzar a compartir, no mañana. Trate de tomar conciencia hoy de querer compartir su fe. Compartir la verdad de Cristo con un amigo es un acto de amor. Esto es parte del significado de amar al prójimo. [5]

Oración y testimonio
Uno de los primeros pasos para ser un testigo es pensar en las personas con quienes usted tiene un contacto natural. Entonces, esta semana:

1. *Confeccione una lista* de personas con quienes podría compartir su fe. Piense en sus vecinos, amigos, compañeros de estudio, colegas, parientes, etc. Hágalo en oración. Permita que Dios dirija su pensamiento.

2. O*re* por estas personas. Ore por sus necesidades. Ore para que esta semana tenga la posibilidad de hablar de Cristo, por lo menos a una de estas personas.

3. *Sea sensible* durante esta semana a las oportunidades que se le presenten para hablar acerca del cristianismo. Trate de hablar al menos con una de las personas de su lista. No necesita decir mucho. Simplemente una palabra aquí, otra allá, es suficiente. ¡No crea usted que debe dar un pulido discurso teológico acerca de la naturaleza del cristianismo! Simplemente debe ser sensible y honesto. (Durante la próxima sesión grupal, tendrá la oportunidad de compartir su intento de hablar con otros.)

4

Diseñando la extensión por medio de grupos pequeños:

El proceso de planificación

Estoy obligado a dar testimonio porque poseo, por decirlo así, una partícula de luz y rehusar compartirla sería equivalente a su extinción.
[Gabriel Marcel]

¿Compartir la fe es una responsabilidad exclusivamente individual? No, testificar es una empresa *comunitaria*. Por cierto, cada cristiano debe trabajar para llegar a ser un "conversador cristiano" efectivo. No obstante, el más efectivo testimonio, con frecuencia, surge de la *comunidad* de creyentes. Actualmente, algunos de los momentos de testimonio más significativos y profundos ocurren cuando un pequeño grupo de cristianos y no cristianos se reunen para hablar acerca del cristianismo.

Un amigo mío, preocupado por su círculo de amistades, había hablado en muchas ocasiones acerca del cristianismo con estos profesionales y hombres de negocio. Tenían diferentes niveles de interés. Sin embargo, ninguno de ellos se había enfrentado con la realidad de Jesucristo. Tenían solamente un interés académico en el cristianismo.

Luego de pensar y orar mucho, decidió invitar a este grupo a su casa para discutir el libro *Cristianismo Básico* de John Stott. Propuso reunirse una vez por semana durante ocho semanas. Las reacciones de sus amigos a esta invitación fueron variadas: algunas de verdadero deleite, otras de verdadero temor. Pero, con unas pocas excepciones, vinieron. Y continuaron viniendo, semana tras semana, atraídos por la vitalidad de Jesucristo y por el simple placer de estar juntos con personas del mismo parecer. Al final de la serie varios habían decidido seguir a Cristo. Otros, que habían sido cristianos dormidos por años, redescubrieron una fe vital.

Estas historias son cada vez más comunes: historias de hombres y mujeres, en los bordes del cristianismo o completemente contrarios, atraídos a un pequeño grupo donde tienen la oportunidad de considerar las demandas de Cristo. Luego descubren, con gran asombro, que se han comprometido con él. [1]

La importancia de los grupos pequeños

¿Qué hay en un grupo pequeño que lo hace tan efectivo para testificar? Varias cosas. En primer lugar, éste provee un contacto continuo con el cristianismo, tan vital para el descubrimiento espiritual. Sam Shoemaker lo explicó de esta manera: "Antes de que la mayoría de las personas entren en una experiencia cristiana real, necesitan un período previo de contacto con la experiencia de otros." [2]

En segundo lugar, los grupos son familiares a todos nosotros, ya que pasamos horas discutiendo todo lo que existe bajo el sol. Un grupo es una forma natural de relacionar a la gente con el cristianismo. No se puede decir lo mismo de la conferencia o del sermón. Además, los grupos se reunen habitualmente en un lugar familiar: un hogar, una oficina, una confitería favorita. Piense en las implicaciones de esto. ¿Qué sería más fácil, lograr que sus vecinos concurran a una serie de reuniones especiales en su iglesia o a su casa para comer y charlar con otras parejas? Su iglesia es un edificio poco familiar, colmada de desconocidos haciendo cosas nada familiares ("¿Me siento o me arrodillo ahora?")

En tercer lugar, los pequeños grupos ofrecen la oportunidad de una relación de persona a persona. Con frecuencia le pedimos a la gente que consideren el cristianismo sin darles la oportunidad de responder al mensaje. Pero el diálogo es necesario para que ellos comprendan de qué manera Cristo puede satisfacer a sus propias necesidades.

En cuarto lugar, en un grupo pequeño exitoso, abundan el amor, la aceptación y la comunión. Es la situación ideal para oir acerca del reino de Dios. En este contexto las realidades del evangelio no se presentan como frías proposiciones sino como verdades vivientes visibles en la vida de otros. ¡En tal atmósfera es la presencia misericordiosa de Cristo la que los atrae irresistiblemente!

Finalmente, los grupos pequeños funcionan porque satisfacen una necesidad fundamental de todos: la necesidad de comunión. Todos nos damos cuenta que necesitamos comida, aire y descanso. Pero con frecuencia olvidamos que la comunión es un profundo y significativo contacto con otras personas, igualmente importante para la vida plena. [3]

Nos necesitamos mutuamente. Y sin embargo parecemos tan aislados, a pesar de las incontables amistades. En parte, se debe a las barreras que todos levantamos alrededor de nosotros mismos para alejar a los demás. No obstante, anhelamos la oportunidad para dejar caer un poco la máscara, exponer nuestro "verdadero yo" y descubrir que aún somos amados y aceptados.

Esto puede suceder en un grupo de comunión cristiana. En realidad, así debe ser la naturaleza de un auténtico grupo cristiano: un conjunto de personas que han enfrentado sus lados oscuros, y mutuamente han hallado perdón en Cristo. Son capaces, por lo tanto, de vivir vidas honestas y transparentes. Un no cristiano que entre en un grupo así, encuentra que la experiencia es virtualmente irresistible.

El profesor Hans-Ruedi Weber escribió lo siguiente acerca de los primeros cristianos:

"La asombrosa vida comunitaria cristiana y el servicio cristiano... proveyeron del alta voz necesario para que el mensaje hablado fuese una proclamación real en vez de una declaración vacía... Tertullian escribió las famosas palabras: `Nuestro cuidado por las personas que no se pueden atender solas, nuestro trabajo de caridad, se ha transformado en el signo distintivo por medio del cual nuestros enemigos nos reconocen: "Vean cómo estos cristianos se aman mutuamente, dicen (porque ellos se odian unos a otros)."' ...Comentando acerca de este servicio en la vida comunitaria de los primeros cristianos, A. Harnack exclamó: `...que fuerza de atracción debe haber

ejercido, desde el momento que su objetivo fue comprendido. Fue precisamente esto, y no algún evangelista, lo que demostró ser el más efectivo misionero.'" [4]

Los pequeños grupos para la evangelización también tienen un gran valor para aquellos cristianos que quieren compartir su fe. En primer lugar, es por lo general más cómodo hablar acerca de Cristo en un grupo pequeño (que se ha reunido con ese propósito), que en un diálogo de dos. No sólo es un tema conocido y acordado entre todos, sino que la discusión no es responsabilidad de una sola persona. Casi siempre un grupo de cristianos tendrá más sabiduría, más discernimiento, más sensibilidad y más información que un cristiano solitario. Además, habrá otros elementos externos que enriquecerán la conversación, ya que es común que un grupo se reúna para escuchar juntos una conferencia grabada, mirar un video-cassette, leer un capítulo de algún libro o estudiar un pasaje de las Escrituras.

En segundo lugar, el grupo pequeño es un lugar ideal para que los cristianos aprendan a hablar con facilidad y libertad acerca de su fe. Si uno aún no ha verbalizado su fe fuera de los círculos cristianos, resultará más fácil decir algo dentro de un grupo de discusión que intentar una conversación importante con su mejor amigo.

El cristiano que está aprendiendo a testificar, se verá beneficiado al observar a cristianos más experimentados compartiendo a Cristo en un grupo pequeño. No conozco otra manera mejor ni otro contexto más fácil en donde aprender a ser un testigo que participando en un grupo pequeño de evangelización.

Finalmente, el grupo provee el apoyo preciso que el cristiano necesita no sólo cuando está aprendiendo a hablar acerca de Jesús sino también cuando evangeliza. Usted necesita a sus hermanos y hermanas para que oren con usted, por usted y por sus amigos; para que lo sostengan cuando ha tenido un mal momento; para que se alegren con sus éxitos; para que le ayuden a mantener sus compromisos; y para darle el ánimo que todos necesitamos cuando buscamos compartir a Cristo. [5]

Planificando el encuentro de evangelización

El convencimiento del valor de los pequeños grupos de evangelización es una cosa. Llevar a cabo una noche de testimonio es completamente otra. ¿Cómo se planifica un encuentro de evangelización? ¿Cuáles son las decisiones que deben hacerse? ¿Dónde están los posibles problemas? La planificación de un encuentro de evangelización combina decisiones por lo menos en cinco áreas principales: a quién invitar, dónde reunirse, cuándo reunirse, estructura y hospitalidad y contenido.

Elección de los grupos. ¿A quién invitará a su pequeño grupo? Esta es una pregunta clave a la que se debe acercar con cierto cuidado, ya que la composición del grupo es vital para el éxito del mismo.

Armando el grupo correcto. El problema es doble. En primer lugar, si la gente se siente incómoda en un grupo porque no hay muchas personas "como ellos", entonces estarán menos dispuestas a abrirse y participar libremente. Por ejemplo, si el grupo está compuesto de dos parejas de profesionales, un recién divorciado de veintitrés años, una pareja de jubilados y una familia con tres hijos cuyas edades oscilan entre los seis y catorce años, probablemente usted se pasará toda la sesión tratando de quebrar las barreras y establecer una conversación fácil y fluida. Por el contrario, un grupo de nueve estudiantes universitarios sentados en un dormitorio de la residencia universitaria conversarán, por regla general, con naturalidad.

El segundo problema con los grupos "mixtos", es que las necesidades son muy diferentes. Las necesidades del joven divorciado, por ejemplo, que puede estar pasando por un gran dolor emocional, serán radicalmente diferentes de las necesidades de la pareja de jubilados, los cuales están enfrentando problemas físicos y financieros en los menguantes años de sus vidas. Lo mismo con el adolescente, que está tratando de salir adelante frente a las presiones de sus compañeros de colegio. Los mejores temas de discusión son aquellos que surgen de las necesidades actuales del grupo. A menos que su grupo sea razonablemente homogéneo, se verá con problemas para encontrar un tema en común.

La homogeneidad también tiene sus problemas, por supuesto. No se pueden leer pasajes tales como Efesios 2-4 o Gálatas 3:26-29 sin comprender que Cristo vino para derribar las barreras entre la gente. El evangelio es claro en cuanto a la disolución de dichas barreras. Ciertamente, en esto consiste la iglesia. Pero un grupo pequeño de evangelización no es una iglesia. Es una experiencia específica y temporaria. Las barreras sociales pueden frustrar los objetivos del grupo provocando la incomodidad de la gente; con el resultado de que toda la energía del grupo debe dirigirse a la creación de relaciones, y el intento evangelístico del grupo es olvidado.

Decidiendo a quién invitar. Por lo tanto, ¿cómo decidir qué grupo se debe invitar? La respuesta es simple: ¿A qué grupo pertenece usted? ¿Con quiénes se siente más cómodo? Con *este* grupo se debe comenzar.

Luego debe decidir a cuáles de estos individuos y parejas invitará. Es importante que comience a orar inmediatamente por estas personas.

Pero aquí surge un problema: algunos cristianos no tienen amigos no cristianos. Después de un seminario sobre "Cómo usar el hogar para evangelizar", una pareja de mediana edad quiso hablar conmigo. Estaban animados por lo que se había dicho. Todo parecía tener sentido. Estaban dispuestos a usar su hogar como un centro de evangelización. "Pero", dijeron, "hemos agotado los sesos pensando en personas a quienes invitar, y en verdad parece que no tenemos amigos fuera del círculo de la iglesia. ¿Qué hacemos? ¿Puede usted, tal vez, enviarnos algunos no cristianos que tengan interés?" En esa ocasión me sentí algo sorprendido. Pero más tarde, cuando otros dijeron la misma cosa, me dí cuenta que este era un problema real.

Para mucho de nosotros, nuestro círculo de amigos está conformado casi exclusivamente por cristianos. ¿Por qué es así?

Hay dos factores aquí: uno práctico y otro teológico.

Del lado práctico, es un hecho simple que hacemos amigos en el lugar donde pasamos la mayor parte de nuestro tiempo. Si dedicamos casi todo nuestro tiempo libre a las actividades de la iglesia, la mayoría de nuestros amigos serán, naturalmente, de la iglesia. Además, todos nos sentimos muy cómodos con personas que comparten nuestro punto de vista y, por eso, como cristianos, nuestros verdaderos amigos tienden a ser otros cristianos, porque tenemos con ellos muchas cosas en común.

A veces vamos más allá de esto y tratamos de usar la teología para justificar nuestro aislamiento de los no cristianos. El argumento es así: el Señor mismo nos dijo que podemos estar en el mundo, pero no ser del mundo (Jn 17:11-19). Por esto debemos apartarnos y permitir sólo el mínimo contacto con el "mundo".

¿Pero es esa la conclusión correcta? ¿Estas palabras dichas por Jesús implican realmente que debemos apartarnos en un ghetto cristiano? Creo que no, sino nuestro Señor nunca nos hubiera dicho que somos "la sal de la tierra" (Mateo 5:13). La sal es un agente para dar sabor. Pero no puede realizar su tarea de condimento hasta tanto no tome un íntimo contacto con la comida que debe sazonar. La sal no es útil si sólo permanece en el estante, aunque esté en un bello recipiente.

Con frecuencia, nuestros grupos cristianos son exactamente así: gran cantidad de buena sal amontonada en un hermoso edificio, pero totalmente inútil, porque la sal no está afuera, en el mundo, actuando como agente sazonador.

¿Qué quiso entonces significar Cristo al decirnos que no seamos de este mundo? Simplemente esto: mientras vivamos en el mundo (en realidad, en esto no tenemos otra alternativa ya que es imposible eliminar el contacto con no cristianos), no nos debemos dejar persuadir por el concepto que el mundo tiene de sí mismo. No podemos aceptar el sistema de valores, cosmovisión o motivación del mundo. Debemos decir al mundo: "No, el objetivo de la vida no es el dinero, el placer o la seguridad. El objetivo de la vida es conocer a Cristo y a través suyo vivir en una relación amorosa con Dios y los demás." Leighton Ford agrega:

"Esta mentalidad del `círculo cerrado', una suerte de aislacionismo cristiano, ha sido una barrera constante para la evangelización. Muchos cristianos han tenido tanto miedo de contaminarse de mundanalidad que han evitado todo tipo de contacto social con personas inconversas. Como resultado, no poseen puentes naturales para la evangelización; el testimonio de estas personas es, por lo general, artificial y forzado en vez de ser el fruto espontáneo de una amistad genuina." [6]

Retornemos, ahora, a aquella lista de sus amigos no cristianos. Si sólo contiene uno o dos nombres, su primera tarea será la de buscar maneras de conocer no cristianos. Ya existen numerosas oportunidades: sin duda usted vive rodeado de personas que no concurren a la iglesia. Usted trabaja con no cristianos. Probablemente sus parientes no son todos cristianos. Resuelva, por lo tanto, conocer a los no cristianos que lo rodean. Se asombrará de la apertura que demuestran hacia su amistad e interés. ¿Quién puede saber hacia dónde se encaminará esa amistad? [7]

Una de las personas de su grupo puede tener muchos amigos no cristianos. Pero no le asigne a esa persona la tarea de invitarlos a todos. Porque en ese caso, muchos en el grupo no tendrán la experiencia de invitar a otros. Y esta experiencia tiene valor en sí misma. De ella aprendemos que las personas que no concurren a una iglesia, están deseosas de conversar acerca del cristianismo. Además, si esa sola persona fracasa, todo el esfuerzo se debilita.

Finalmente, invite más personas de lo planificado. Las cancelaciones de último momento no son inusuales. Y es mejor tener demasiadas personas que muy pocas. Siempre se puede dividir un grupo grande. No obstante, sea cauteloso. Un grupo invitó a dieciocho personas para asegurarse que cinco o seis asistieran. ¡Y catorce personas aceptaron!

Invitaciones. El factor esencial con las invitaciones es la honestidad. Nunca engañe a una persona para que asista a un grupo evangelístico. La manipulación no sólo es una manera poca afectuosa de actuar, sino que además creará tensión durante la sesión del grupo. "Juan, nos invitaste a Marta y a mí a cenar. ¡No nos dijiste que habías invitado a todos tus amigos cristianos también, y que más tarde estudiaríamos la Biblia!"

Sea sincero. No tiene nada que esconder. Cuénteles a sus amigos exactamente lo que está haciendo. "Vamos a comenzar un grupo semanal en mi casa con algunos amigos de la iglesia y otras personas que no tienen un compromiso serio con ella pero están interesados en hablar acerca del cristianismo. Comenzaremos el próximo miércoles. Cenaremos juntos y luego estaremos alrededor de una hora conversando sobre un pasaje del Nuevo Testamento. Nos encantaría que tú y Marta estuvieran con nosotros. A propósito, la primera semana es puramente una prueba. Si sientes que no es para tí, no existe ninguna obligación para que vengas durante las siete semanas completas."

Cuando su invitación es directa, al aceptarla, sus amigos no cristianos también están comprometiéndose a una participación seria en el grupo. No están obligados a aceptar. Pero aceptan. Ellos vienen porque quieren.

Con frecuencia dudamos en invitar a nuestros amigos a este tipo de grupo. "Oh, no van a tener interés. No les va a gustar." Mi experiencia es bastante diferente. Descubrí que mis amigos disfrutaban enormemente de la oportunidad de participar en una conversación que tiene sentido y propósito. Y no es tan sólo la atracción a un diálogo serio (en vez de charla sin sentido) lo que atrae. Más y más los norteamericanos están fuera de contacto con el cristianismo. No concurren a la iglesia. Nunca lo han hecho. Por lo tanto es muy poco, en realidad, lo que conocen del cristianismo. Pero tienen curiosidad. En Norteamérica esta curiosidad es parte de un renovado interés general en la religión . (La palabra "religión" debe ser interpretada aquí en términos muy amplios.) Como resultado, aceptan la oportunidad para investigar acerca del cristianismo. Aunque su interés es poco más que curiosidad sobre una institución religiosa, y su comprensión de la Biblia es simplemente que es un "gran libro", es más que suficiente. ¡Invítelos! Estarán contentos con la invitación. En cuanto a la elección de los invitados, procure agrupar a cristianos y no cristianos en partes iguales.

Una vez que haya invitado a la gente —personalmente o por teléfono— conviene seguir con una invitación escrita detallando el lugar y la hora.

El lugar

Una vez que tenga en mente a *quiénes* va a invitar, necesitará pensar acerca de *dónde* se reunirán. La *intimidad* es la clave. ¿Dónde se sentirá más cómodo este grupo en particular? La respuesta variará de acuerdo a las características del mismo. Un grupo de hombres de negocios pueden sentirse más cómodos reuniéndose después del desayu-

no o almuerzo en el salón privado de un restaurante local. Un grupo de adolescentes podrían disfrutar en la sala de recreación de la iglesia, o una casa particular. Estudiantes universitarios podrían usar el comedor universitario.

Una consideración secundaria es el tamaño de la habitación. Si debe elegir entre una gran sala donde entrarán cómodamente dos veces (o más) el número de su grupo, y un cuarto pequeño donde tiene que apiñar a la gente, es preferible el *más pequeño*. Ser parte de una multitud favorece el aprendizaje. [8]

Lo que usted necesita, en lo posible, es una habitación donde todo el grupo pueda entrar cómodamente sin apretarse, sentarse en un círculo, y todos puedan verse los ojos.

Otra consideración secundaria es la *comodidad*. Si el grupo está igualmente cómodo en la habitación de una casa y un aula, elija la habitación. Un lugar donde la gente vive, es mejor que un lugar donde la gente trabaja o tiene reuniones.

Probablemente el mejor lugar de reunión para la mayoría de los grupos es una casa. Todos nos sentimos cómodos en un hogar. Todos vivimos en algún lado. Sabemos cómo portarnos en un hogar o departamento. Nos acomodamos fácilmente al lugar donde vive otra gente.

La hora y el día

hora que sabe quiénes vienen, y dónde, deberá decidir *cuándo*. El tema "cuándo" tiene dos partes. ¿En qué día de la semana, y a qué hora se reunirán? ¿Y cuántas sesiones de grupo tendrán?

Nuevamente la pregunta básica es: ¿qué hora es la más adecuada para llevar adelante el programa de *este* grupo? (Esta es la razón por la cual es tan importante definir su grupo y hacerlo homogéneo.) Se pueden reunir en cualquier momento del día. Busque los momentos libres. Tal vez por la noche es mejor. ¿Cuál de las noches? ¿Domingo por la noche? (Cuidado:

48

más gente mira televisión los domingos por la noche que cualquier otra noche.) Debe ser astuto y sensitivo.

La elección de cuándo reunirse determinará el tiempo disponible para la reunión grupal. Dos horas a dos horas y media es lo ideal. Esto permitirá mucha flexibilidad en el contenido de las sesiones. Una noche típica podría comenzar a las 19:00, para que a las 19:15 ya estén todos las personas sentadas. La reunión formal podría durar hasta las 20:30. El refrigerio y la conversación informal puede continuar hasta las 21:00 o 21:30.

Generalmente, la interacción más significativa ocurre luego, durante la parte informal. Es entonces, en las conversaciones de a dos, o en grupos informales de tres o cuatro, cuando se discuten los temas pertinentes. He descubierto que esta conversación espontánea y relevante normalmente no ocurre sin una reunión formal previa del grupo. En otras palabras, no se reúne sólo para "tomar té y conversar". Sin una discusión formal, la conversación probablemente será nada más de "¿Qué tal el tiempo?" y otras cosas sin contenido. Es la sesión misma del grupo que provee el contenido y da lugar para que surjan preguntas las cuales serán tratadas más tarde informalmente.

Dos horas y media es un período ideal, pero podría ser que tengan sólo cuarenta y cinco minutos disponibles. Si así fuera, estructure sus sesiones para que se adapten cómodamente dentro del período. No luche con los límites del tiempo. Nunca tendrá el tiempo suficiente. Simplemente planifique concretamente, y luego ajústese fielmente al horario. Comience a horario y especialmente, finalice a horario. Si los invitados saben que estarán en un grupo durante una hora y media, se sentarán cómodamente por ese período. Si esperan estar cincuenta minutos, alrededor de los sesenta minutos transcurridos muchos estarán decididamente impacientes. Funcione con los límites de tiempo, no en contra de ellos.

"¿Pero qué hacer si recién hemos llegado a la parte más importante?" Como regla general, extiéndanse cinco minutos más allá de su límite de tiempo, pero no más. Un principio a tener en cuenta para un buen líder de grupos pequeños, es terminar mientras se está adelante. Con esto quiero decir, pare cuando llegue al punto culminante, cuando todos *podrían* continuar por más tiempo. No espere hasta haber rastreado cada partícula de vida de un tema. La excepción es cuando usted está absorbido en un problema o crisis personal profunda. Aquí el tiempo es de importancia secundaria. Pero aún en este caso, dígale al grupo: "Nuestro tiempo se acabó, y sé que algunos de ustedes deben irse, pero es importante para el resto de nosotros que continuemos por un momento más."

Si han tenido una buena reunión la gente se quedará, aun cuando el café y la torta se hayan terminado. Esta es una señal de que algo bueno está sucediendo en el grupo.

Otra pregunta relacionada con el tiempo es ¿cuántas semanas se debe reunir su grupo de extensión? Depende del tema (¿Cuánto tiempo necesitará para tratarlo?), del grupo (¿Hasta cuándo se han de comprometer?), y el calendario (¿Cuáles son las fechas naturales para cortarlo? ¿Una fiesta? ¿Fin del año escolar? ¿Fin de la estación?).

La mayoría de la gente tiende a operar en ciclos de trece semanas adaptados a las cuatro estaciones del año. Por lo tanto, probablemente, lo mejor es no planear una serie de más de trece semanas. En realidad, medio ciclo —de seis o siete semanas— es frecuentemente la extensión ideal. Aun cuatro sesiones (un mes) son de valor.

Una sola noche tiene valor, también, para decidir si deben continuar. En el contexto de las sesiones de entrenamiento grupal, usted tendrá la oportunidad de planear y ejecutar un encuentro de evangelización. Estos eventos, solos, muchas veces conducen a una serie de reuniones. En una ciudad, por ejemplo, una familia invitó a varios amigos para ver la película "Realidad y Fe". Al finalizar la velada todos habían disfrutado tanto, que se organizó una segunda reunión durante la cual los temas que sugieran pudieran ser tratados con más tiempo. El resultado fue una tercera reunión. Eventualmente, ¡el grupo se reunió ocho veces!

Normalmente, los mayores beneficios salen de una serie planificada desde el comienzo. En varias ocasiones hemos conducido estudios bíblicos para empresarios, consistentes en un estudio-almuerzo semanal durante cinco semanas. Descubrimos que los hombres estaban muy dispuestos a comprometerse durante cinco semanas... si sabían de antemano que era solamente por cinco semanas. Una invitación sin indicación de duración ("Comenzamos un estudio bíblico el martes. ¿Le gustaría venir?") generalmente se rechaza porque ¡la persona no sabe si se compromete por cinco semanas o cinco años!

La estructura

Una vez seguro con respecto a *quién, cuándo* y *dónde*, se puede prestar atención a la planificación de la reunión misma. ¿Qué clase de *estructura* creará y cuál será su *contenido*? El tema estructura tiene que ver más que todo con el tipo de *comida* que se servirá.

Comer juntos en una situación social, es una manera excelente de unir a la gente. Es esencial para la hospitalidad. No es por accidente que el sacramento principal de la iglesia cristiana esté organizado alrededor de compartir el pan y el vino.

Cierta vez en Nairobi, Kenya, estuvimos dirigiendo "reuniones hogareñas" como parte de una misión de evangelización hacia toda la ciudad. Tres de nosotros, pertenecientes al equipo misionero, habíamos sido invitados a la casa de una dama británica decorosa y su reacio esposo. (Ella estaba ani-

mada por la misión; no así su esposo.) Con toda corrección habían invitado a algunos de sus amigos (funcionarios del servicio británico) y estaban dispuestos a escuchar lo que nosotros presentáramos. Pero la situación fue algo tensa. Eramos americanos; éramos "religiosos"; éramos extraños; y no éramos de la sociedad. Nuestra anfitriona había preparado una elegante cena previa a la reunión de grupo, y esto salvó la noche. Compartir esta comida, y la conversación alrededor de la mesa, disipó la desconfianza. Luego de la cena, tuvimos una agradable conversación acerca de nuestro motivo de estar en Nairobi, qué presentábamos y quién era Jesús. Si nos hubiésemos lanzado directamente a la interacción de grupo sin la cena, estoy convencido que la velada hubiese sido un fracaso.

Por lo tanto, planifique su comida cuidadosamente. Existe una gran variedad de posibilidades, desde una cena hasta un refrigerio ligero. Tal vez todo lo que necesite sea un café a mitad de la mañana, o un almuerzo con pan y queso en la oficina. Si tiene un grupo de adolescentes, les puede ofrecer un asado y tiempo de juegos. Una manera fácil y agradable de estructurar una noche es con postre y café. Que sea elaborado o simple, depende del tipo de grupo y el lugar donde se reúnen. ¿Qué disfrutará el grupo? ¿Qué es posible dentro de sus medios disponibles? ¿Qué unirá al grupo? Inclusive podría llegar a la conclusión de que, en esta situación particular, no hace falta comida.

Contenido

Este es un tema esencial. Tal vez haya realizado un magnífico trabajo planificando todos los otros detalles. Pero si la gente se reúne y nada significativo sucede, todo su esfuerzo es inutil.

La forma del mensaje. ¿De qué manera presentará el contenido que constituye la base para la interacción grupal? Una rica gama de opciones están a su disposición.

Podría mostrar una película y luego discutirla. Una buena película produce su impacto. Una investigación realizada por "Moody Science Films" indica que sus películas tienen mayor impacto en un grupo pequeño que en un numeroso, y que una serie de películas relacionadas, proyectadas durante un período de tiempo, tiene un efecto acumulativo.

O tal vez usted podrá pasar la grabación de una conferencia o sermón. Esto puede ser muy estimulante si el material es realmente bueno. (Siempre evalúe el material antes de usarlo.) Rara vez tenemos la posibilidad de responder a este tipo de presentación; normalmente somos simples oidores pasivos.

Los audiovisuales también son muy útiles. Hay algún material disponible. Un grupo con mucho empuje podría producir su propio audiovisual y luego invitar a sus amigos a la primera presentación. Otra idea, si usted proyecta diapositivas durante una noche, pide a cada uno de los miembros del grupo que traigan una o dos de sus diapositivas preferidas. Dedique unos minutos, al comenzar la sesión, para mostrar esas diapositivas. De esta manera, el grupo logra conocerse mejor.

La música es otra forma de proporcionar contenido para un grupo. Una velada de música contemporánea en la cual se trata el dilema de la vida moderna, podría ser el comienzo perfecto para una discusión. (No olvide distribuir copias de la letra de la música para que así todos puedan seguirla.) Existe una gran variedad de música cristiana disponible en la actualidad, que puede compararse con la música secular y su problemática.

O puede utilizar un videocassette para presentar su contenido. Por ejemplo, *Carrozas de fuego* está disponible para su alquiler a un bajo precio en videocassette, y creará una buena discusión (aunque su extensión podría ser un problema). Otra posibilidad sería mirar juntos un programa de televisión, ya

que ciertos programas dan pié para el intercambio de opinión.

Hasta aquí sólo he tratado los de medios electrónicos. Comencé así porque vivimos en una sociedad orientada hacia estos medios, y la idea de escuchar o mirar algo con un grupo y luego discutirlo es altamente atractivo. Intente experimentar.

Un orador también proporciona un buen contenido. Resulta muy atractivo, por ejemplo, invitar a un pastor; no para dar un sermón, sino simplemente para responder a preguntas ("Todo lo que siempre quiso saber del cristianismo pero tuvo miedo de preguntar.") O invitar a un "experto" para dar una breve presentación y luego conducir el debate. Un consejero de familia cristiano, por ejemplo, podría conducir una discusión fascinante. O una profesora cristiana hablando acerca de cómo integra su fe con su carrera, sería de gran interés. Los miembros del grupo podrían preparar una presentación especial. Es esencial que cualquier orador considere ésta como una oportunidad *no* para disertar, sino para conducir un debate.

O se puede planear una reunión alrededor de un acontecimiento. Hace algunos años, mi esposa y yo invitamos a un grupo de amigos para celebrar el cumpleaños de C. S. Lewis. Luego de la torta y el café, pasamos la velada leyendo en voz alta y cambiando ideas sobre extractos de sus muchos libros. También hemos utilizado la fecha de cumpleaños de Martin Luther King para hablar acerca de las implicaciones sociales y políticas del evangelio. Encuentros especiales de este tipo tienen una gran atracción, pero requieren una dosis extra de tiempo y creatividad.

Pero, verdaderamente, el mejor medio para proveer contenido es la Biblia misma. La Biblia es rica, fascinante y casi desconocida por la mayoría de nuestros contemporáneos. Y por supuesto, la Biblia es la autoridad para definir las realidades cristianas.

El estudio bíblico serio atrae a muchos, hoy día; especialmente si este estudio es un ejercicio de descubrimiento personal y no simplemente un discurso. La Biblia hablará por sí misma. Sin embargo, hay un problema. La Biblia es "nuestro" libro. Los cristianos la conocemos. La amamos. Aun, damos la impresión de que la comprendemos. Y a veces, los no cristianos se sienten amenazados cuando tratan de estudiarla con nosotros. Desde sus puntos de vista, sabemos tanto acerca de la Biblia, que ¿quiénes son ellos para arriesgar una opinión? Por lo tanto permanecen callados. Debemos tener mucho cuidado de asegurar que lo que hacemos es un verdadero estudio de *grupo* en el cual todos pueden participar.

Temas. Hasta ahora he dicho muy poco acerca de temas. Películas, grabaciones, oradores y estudio bíblico pueden utilizarse para explorar una variedad de ideas. Pero la pregunta real es ¿qué tema es apropiado para su grupo?

De nuevo, la respuesta depende de las características del grupo. ¿Cuáles son sus necesidades, intereses y aspiraciones? Para las parejas jóvenes, que han comenzado a pensar en tener hijos, "Un panorama cristiano de la familia" podría ser un tema estimulante. Un grupo de profesionales de mediana edad, podrían tratar temas relacionados con el significado y propósito de la vida, y cómo esto se relaciona con las necesidades que ellos sienten.

También podría elegir un tema general tal como: "¿Qué creen los cristianos?", "¿Quién es Jesús?", "¿Existe Dios?", "Problemas de la existencia diaria", "Lo que los cristianos creen y porqué", "Aprendiendo a amar", y otros.

Si usted elige un tema de verdadero interés para el grupo, la interacción será rica. ¡Asegúrese, sin embargo, que el tema interese a los no cristianos y no sólo a los cristianos del grupo!

El proceso de planificación

A esta altura del programa de aprendizaje relacionado con la evangelización en pequeños grupos, su tarea es planificar *una* reunión. En el capítulo 8 hay más información sobre cómo planear una serie de reuniones. Asegúrese de dedicarle tiempo a la planificación. Tal vez necesitarán reunirse para una reunión extra; o tal vez pueda hacer lo necesario por teléfono. Pero no es suficiente asignar las diferentes tareas a miembros del grupo y luego esperar que todo se organice solo durante el evento mismo. ¡La falta de coordinación puede traer muchas sorpresas indeseables!

En este proceso de planeamiento, suele haber tensión entre aquellos que necesitan saber *exactamente* qué ha de suceder en cada instante, y los otros que prefieren "tocar de oído". La experiencia demuestra que es mejor dejar que los "organizadores" hagan lo que quieran. De lo contrario, se sentirán tan descontentos y con tanto temor que no podrán participar útilmente durante el encuentro de evangelización. La mejor estrategia es planificar lo mejor posible, luego ser flexible durante el evento mismo para así adaptarse a la necesidad y espíritu del grupo. Para hacer esto, necesitará designar, de antemano, a un encargado, alguien que tome la iniciativa en desarrollar el programa, se asegure que el grupo no se desvíe demasiado del tema, y mantenga un ojo en el reloj.

No trate de hacer demasiado en una tarde (un error común). Es mejor tener dos o tres experiencias efectivas en mantener la interacción, que cinco o seis esfuerzos apresurados. Y asegúrese de que su tema no sea demasiado amplio. Un grupo, en efecto, ¡trató de abordar "El significado de la vida" en dos horas!

Recuerde que tiene objetivos algo limitados para este encuentro de evangelización. Busque enfrentar el tema de la verdad y el significado del cristianismo de tal manera, que estimule el interés de la gente por la serie de reuniones que sigue. Descubrirá, como otros lo han hecho, que el mejor acercamiento es el directo. La gente quiere llegar a los temas significativos, y no que la conversación dé vueltas alrededor de ellos.

Durante la sesión, asegúrese que todos hayan sido presentados. La distribución de rótulos con nombres es generalmente apreciada, aun por aquellos que se quejan por tener que usarlos. Es importante intentar mantener el programa dentro de su horario; por ejemplo, no permita que la cena se prolongue demasiado.

La mayoría de las personas disfrutarán de la experiencia. Aún no he escuchado a ninguno de mis amigos invitados que hayan pasado un momento desagradable. Comúnmente, los amigos preguntan: "¿Cuándo podemos hacer esto otra vez?" En realidad, la gente más incómoda (si las hay) son los cristianos, preocupados por todo tipo de reacciones que rara vez ocurren. ¡Relájese y disfrute de la experiencia!

Ejemplo de un encuentro de evangelización *

Esta es la primera de lo que podría ser una serie de reuniones grupales en Mather House, uno de los complejos residenciales de la universidad de Harvard. El propósito de este encuentro es provocar interés en el tema de la integridad; para sugerir luego una serie de reuniones consecutivas diseñadas para explorar varios aspectos de la integridad.

I. Objetivo: Estudiantes que viven y comen en Mather House.

II. Lugar: Uno de los comedores privados en Mather. Tales "mesas", organizadas alrededor de un tema, un orador o una preocupación, son una característica común en este ambiente estudiantil.

III. Hora: La de una comida prolongada:

17:30 - 17:45 Reunirse y cenar.

17:45 - 18:00 Bienvenida e introducción del tema; Presentación de cada persona.

IV. Hospitalidad: La cena que normalmente sirven en esa hora.

V. Contenido: Será un debate libre alrededor de una serie de preguntas cuidadosamente elegidas sobre el tema: "¿A qué se parece un hombre íntegro en Harvard?" El coordinador (en este caso un asesor del movimiento Inter-Varsity) proporcionará comentarios iniciales, preguntas orientadoras, un caso típico, algunas estadísticas y un resumen. También explicará su "prejuicio" por Jesucristo y cómo una relación con Cristo proporciona el fundamento para la integridad.

* Este ejemplo es de Doug Whallon, director regional del nordeste para Inter-Varsity Cristian Fellowship.

Interacción

Oración

"Para comunicar a Cristo a los demás, debemos comunicarnos nosotros mismos con Cristo." La comunicación con Cristo implica una relación con él. Así debe ser. En nuestro testimonio no estamos hablando a otros acerca de una figura interesante del primer siglo. Les estamos contando acerca de una persona que conocemos.

Pero aquí está el problema. Frecuentemente, por varias razones, permitimos que nuestra relación con Jesús se seque. Hay dos posibilidades: O vivimos sin un conocimiento real de su presencia (es posible, él no se nos impone); o dejamos que nuestra relación con él caiga en un conjunto de obligaciones que realizamos mecánicamente.

Muchas veces el problema básico es que dejamos de hablar con Jesús. Lo digo en un sentido bien literal. Si Jesús es una persona viviente (y lo es, la resurrección es un dato de la historia), y podemos conocerlo (y es posible), entonces para que exista una relación activa, debe haber diálogo. Debemos hablarle y debemos escucharle cuando nos habla. La conversación con Jesús es el fundamento de nuestra vida espiritual. En realidad, *es* nuestra vida espiritual.

Haga un experimento. ¿Se anima? Un experimento de conversar con Jesús.

Primeramente, busque un lugar donde nadie lo moleste por lo menos durante quince minutos. Si esto no es posible en el lugar donde usted se encuentra ahora, busque otro lugar o espere hasta que haya silencio. No trate de continuar hasta que pueda estar solo y sin distracciones.

Luego, tome una lapicera, un papel, y lea estos versículos lentamente, escuchando a Jesús:

Sigan unidos a mí, como yo sigo unido a ustedes. Una rama no puede dar uvas de sí misma, si no está unida a la vid; de igual manera, ustedes no pueden dar fruto, si no permanecen unidos a mí. Yo soy la vid, y ustedes son las ramas. El que per-

manece unido a mí, y yo unido a él, da mucho fruto; pues sin mí no pueden ustedes hacer nada... Si ustedes permanecen unidos a mí, y si permanecen fieles a mis enseñanzas, pidan lo que quieran y se les dará. (Juan 15:4,5,7)

Este es Jesús hablándole a usted. Lea el pasaje de nuevo, escuchando cuidadosamente lo que él le está diciendo a través de estos versículos. Escriba lo que le dice. Escuche un poco más. Respóndale. Permítale que lo sane. Permítale que lo ame.

Comparta con alguien lo que le ha sucedido en esta experiencia.

5

Comprender la dinámica de grupo:

Las relaciones en un grupo pequeño

El mundo actual no se deja impresionar por la Biblia, o por la iglesia, o por la predicación. Como consecuencia, no podemos confrontar a un mundo necesitado con el amor de Dios solamente a través de estos medios. El clima de nuestro tiempo es tal que las personas están más dispuestas a escuchar a un laico con quien se puedan identificar.
Bruce Larson

Los grupos pequeños han sido proclamados por algunos como la respuesta a la mayoría de las enfermedades de la iglesia en este siglo. ¿Pero es cierto? ¿Desaparecen los problemas ante el deslumbrante amor y comunión que, invariablemente, generan los grupos pequeños? La respuesta es obvia. Tan sólo debemos recordar nuestras propias experiencias para darnos cuenta que hay grupos que son fracasos, como los hay también exitosos.

Los grupos no funcionan automáticamente. Escuche, por ejemplo, la experiencia de una pareja de asesores para grupos pequeños:

Recientemente visitamos una importante iglesia en el oeste donde nuestros anfitriones, líderes de alrededor de treinta grupos pequeños, estaban convencidos de tales grupos y de lo que podrían lograr para las iglesias... Estos líderes creían que por el solo hecho de reunirse para tratar sus problemas, el Espíritu Santo estaría allí, que el grupo se despegaría y que toda la comunidad

sentiría el impacto. Pero esto no había sucedido. El entusiasmo de los primeros meses estaba decayendo y toda la experiencia estaba por fracasar. [1]

¿Cuál fue el error? La investigación reveló que los grupos no tenían un plan concreto para seguir. Simplemente se reunían. Por lo tanto tenían dificultades.

Los grupos fracasan por varias razones. Algunos, porque ciertas personas en el grupo ponen obstáculos. En otros, el problema puede ser el líder. Pero siempre existe una razón. "Hay una importante regla práctica, probada por la investigación: *Cuando se les da información en cuanto a cómo funciona un grupo, hay más posibilidades de que el grupo logre madurez y cumpla sus metas. Por el contrario, cuando* un grupo ignora los procesos dinámicos que influyen en su vida, aumenta el riesgo de que esas dinámicas puedan bloquear al grupo en un punto crítico." [2]

¿Cuáles son, entonces, algunos de estos principios de dinámica de grupo que pueden afectar al grupo que usted está preparando?

Dos niveles

El primer principio es el siguiente: los grupos funcionan en dos niveles: el *objetivo* y el *subjetivo*. Estos dos deben complementarse. Si esto no sucede, el grupo tendrá problemas.

El lado objetivo del grupo se define por su tarea o propósito: estudiar el Evangelio de Marcos, ver una película, o decidir sobre el presupuesto del programa de la iglesia para el próximo año. En su grupo de entrenamiento, el nivel "objetivo" es su intención de aprender a usar los grupos pequeños en aproximar las personas hacia Cristo.

El lado subjetivo del grupo se define por las emociones, prejuicios, necesidades y metas personales de cada individuo y cómo esto influye en la interacción grupal: la dinámica de las necesidades íntimas con las relaciones en el grupo. Sin excepción, en un momento dado cada integrante del grupo pregunta silenciosamente: "¿Cuál es mi posición en este grupo? ¿Les gusto a los demás? ¿Puedo decir lo que realmente siento? ¿Cómo lograr lo que yo quiero? ¿Cómo lograr que el grupo vea que soy brillante o hermoso o ingenioso o amable o espiritual?" La interacción dentro del grupo a nivel de sentimientos y necesidades es el lado subjetivo de un grupo.

Mientras los integrantes del grupo no contesten estas preguntas, no se sentirán con libertad para continuar con su tarea. Esta es la razón por la cual algunos grupos nunca logran llevar nada a cabo. Comienzan a estudiar Isaías 53, pero sólo llegan a los dos primeros versículos. O intentan organizar la próxima reunión juvenil, pero luego de una hora y media, lo único decidido es invitar al organista oficial para acompañar el canto.

En vez de continuar con la tarea, los miembros del grupo se pelean. O hacen payasadas. O todos tratan de hablar al mismo tiempo... ¡o nadie abre la boca!

¿Qué está sucediendo ahí? ¿Qué está pasando en este caso? Simplemente esto: el grupo no logra concentrarse en su tarea porque las *relaciones intergrupales* han fracasado.

Resumiendo, para tener éxito el grupo debe prestar atención no sólo al lado objetivo —su tarea— sino también a sus necesidades subjetivas. Un grupo que se concentra ciegamente en su tarea está en peligro. Tarde o temprano, las relaciones grupales frustrarán la realización de la meta objetiva.

Permítanme ilustrar lo que digo. Un grupo puede estar estudiando (digamos) Marcos capítulo 2. El líder declara, tanto con su tono y manera como con sus palabras: "Bueno, es *obvio* que los primeros trece versículos son *simplemente* el relato de *otra curación* por parte de Jesús. Entonces podemos seguir directamente con el resto del capítulo. Ahora bien, si ustedes buscan la página..." A esta altura, Carlos, un miembro del grupo, interrumpe en un tono algo exasperado: "Pero nuevamente no has entendido. Este pasaje no trata simplemente de una curación."

Ahora bien, desde una perspectiva objetiva, es correcto. Carlos tiene razón. El líder está pasando por alto un incidente altamente significativo en la auto-revelación de Cristo. En un grupo saludable, el discernimiento de Carlos hubiese ayudado a que todos vean con más claridad lo que Marcos 2 revela y el líder hubiera recibido bien su contribución.

Pero en esta situación, tanto el líder como Carlos están chocando a nivel subjetivo. El líder está diciendo, con su tono y modales, así como con sus palabras: "Quiero que todos ustedes reconozcan que *yo* soy el líder y que puedo dirigir al grupo hacia la dirección que elijo." Carlos desafía esta arrogancia aprovechándose del error del líder. "Nuevamente has hecho lo mismo. Nunca disciernes lo más importante. Eres un mal líder." Debido a la tensión entre ellos, el valor del estudio se pierde. ¡El grupo nunca llegará a Marcos 2 porque los dos están muy ocupados en atacarse mutuamente!

Cómo manejar las tensiones del grupo

Un principio clave en la dinámica de grupo es que cuando la interacción a nivel objetivo y subjetivo están en pugna, el grupo tiene problemas.

Por un lado, usted debe aprender a detectar rápidamente los problemas a nivel subjetivo. Lo logra dándose cuenta de lo que sienten los otros. Tal vez la forma más segura de saber qué está sucediendo en el grupo a nivel subjetivo, es preguntarse *a sí mismo*: "¿Qué siento *yo* en este momento?" Si se siente contrariado, irritado o a la defensiva, algo anda mal. Sin embargo, estos sentimientos rara vez serán expresados directamente en forma verbal. La gente comunica sus reacciones internas de maneras diferentes: a través de expresiones faciales, gestos, tono de voz, nivel de atención. Debemos aprender a ser sensibles al significado de estas mudas insinuaciones. No *decimos*: "Estoy aburrido de todo esto." Mas bien dejamos de participar en la discusión. O nos hundimos en nuestra silla. O comenzamos a observar los árboles por la ventana. En cada una de estas actitudes estamos comunicando, por medios que no son palabras, aquello que realmente sentimos. ¡Tenga la seguridad de que un integrante del grupo, dormido en su silla, está tratando de decirle algo!

A veces nuestras palabras *contradicen* nuestros sentimientos. Tome por ejemplo al hombre "que insiste en voz alta, con sus dientes apretados y su cara casi morada: `¡No estoy enojado!'" [3]

En segundo lugar, una vez que el problema se ha manifestado, el único modo de manejarlo es ponerlo sobre el tapete. Luego de la reunión, durante el refrigerio, podría char- lar con la persona involucrada. "Sara, sentí que tal vez no te gustó lo que pasó esta noche." Si Sara expresa aquello que sintió, sin duda comenzará a manejar el problema. Podría ser posible formular esta misma pregunta mientras el grupo está aún reunido. ("Tengo la sensación de que algunos de ustedes se sienten molestos.") Lo que siente Sara, lo pueden sentir otros. Una vez que estos sentimientos subjetivos son expresados, pueden ser valiosos para el grupo y no serán destructivos. No es raro que los momentos más provechosos en un grupo, ocurren cuando el foco de atención cambia del nivel objetivo hacia el subjetivo.

Por ejemplo, un domingo en una clase para adultos, era obvio que una de las mujeres del grupo, una maestra soltera, estaba molesta. Normalmente tomaba parte activa en la discusión, pero ese día estaba virtualmente en silencio. Se la veía particularmente pálida y aislada. Finalmente, el líder del grupo le preguntó si algo andaba mal. Ante esta pregunta, rompió en lágrimas y reveló su problema. Su madre, con quien vivía, había sido hospitalizada. Aunque aparentemente la madre se recuperaría, el incidente había provocado todo tipo de viejos temores acerca del futuro y de cómo enfrentar al mundo, sola, si su madre moría. El estudio de los profetas menores de aquel domingo quedó rápidamente olvidado. El grupo que hasta ese instante no había sido particularmente íntimo, se unió de una manera nueva en verdadero amor y preocupación por ella. Durante la siguiente semana, la gente la invitó a cenar; otros visitaron a su madre en el hospital. A partir de ese momento, el grupo cobró vida. Comenzaron a encontrarse como personas. Se transformó en una comunidad cálida, en tanto que antes era nada más que un grupo de estudio académico. Todo esto porque una mujer había revelado sus verdaderos sentimientos.

En este caso, el problema surgió desde afuera. Sucede también, por supuesto, que el problema nace dentro del grupo mismo. Un ejemplo de esto sería la lucha entre Carlos y el líder que fue mencionada anteriormente. Cualquiera sea el caso, la solución es descubrir al problema para que puedan ver realmente cómo es, y así tratarlo. (En este punto es necesario que demos una palabra de precaución. El grupo no debe sentirse tentado a transformarse en un grupo terapéutico, a menos que haya asesoramiento profesional. En un verdadero grupo de terapia, existe un intento deliberado de traer sentimientos y temores ocultos hacia la superficie para que la gente aprenda a enfrentarlos. Solamente un experto puede hacer esto con éxito. Se puede hacer un daño muy grande si un grupo, deliberadamente, da rienda suelta a estas fuerzas internas, pero no sabe cómo manejarlas.)

Inevitablemente, de las situaciones que parecen tan perturbadoras, aprendemos profundas y valiosas lecciones: acerca de nosotros mismos, acerca de las relaciones personales, acerca de conflictos y acerca del amor, el perdón y la honestidad. En otras palabras, aprendemos en *experiencia* el significado de palabras que hasta aquí sólo las habíamos pronunciado. Este es uno de los valores principales de un grupo.

¿Todos los grupos deben pasar por una crisis para lograr unirse en el plano subjetivo? Creo que no. Si un grupo pequeño presta atención a la formación misma del grupo durante sus sesiones iniciales, es posible que no haya confrontación.

¿Cómo se puede moldear a un grupo de desconocidos en una verdadera comunidad? No hay una respuesta rápida y fácil. Sin embargo, la mejor forma para comenzar a moverse en esta dirección es proveyendo de un tiempo amplio para compartir historias personales. Si logra hacerlo de una manera tal que integre las historias personales dentro del tema de la velada, mucho mejor.

Por ejemplo, ustedes comenzaron su primera sesión, como grupo, respondiendo tres preguntas personales: ¿quién es (datos acerca de su trabajo, estudios o actividad diaria)?, ¿qué cosas le gustan? y ¿cuándo realmente comenzó su relación con Dios? De esta manera usted dijo al resto del grupo: "Este soy yo." Así mismo el grupo, por su interés, respondió: "Encantados de poder conocerlo. Estamos contentos que esté con nosotros." A todos se les dio la oportunidad de hablar del tema que mejor conocen: acerca de ellos mismos.

¿Notó cómo la tercera pregunta se relacionó directamente con el objetivo de esa sesión del grupo? El objetivo del grupo de entrenamiento, es aprender cómo introducir a la gente en la misma experiencia del Dios vivo que usted ha tenido. Al oír de qué maneras los miembros del grupo se encontraron con Dios, aprendieron la primera lección, es decir, que Dios llega al hombre de distintas maneras.

La implicación es que en su pequeño grupo de evangelización, usted debe dar tiempo para contar historias personales. Esto no es una "pérdida de tiempo", como algunos opinan. Porque sin compartir lo personal, puede suceder que nunca logre su tarea excepto de manera muy superficial. Algunos expertos en grupos pequeños sugieren que durante las reuniones inciales, será necesario dedicar del sesenta al noventa por ciento de su tiempo a tratar necesidades subjetivas. Aunque algunos grupos comienzan a trabajar más rápidamente que otros, el principio es el mismo. Se ahorrará muchas dificultades si presta atención a las relaciones interpersonales.

Modelos de interacción

El segundo principio importante de la dinámica de grupo es el siguiente: *Las personas actuarán de ciertas maneras predecibles cuando se encuentren en grupos pequeños.* Algunos de estos comportamientos ayudarán o molestarán al grupo, según nuestra reacción ante ellos. Observemos a algunos de estos tipos de comportamientos grupales, preguntándonos qué le hace cada uno al grupo, y cómo se lo puede manejar si es perjudicial. A medida que lea esta sección, tenga en cuenta el encuentro de evangelización y la serie de encuentros que serán su responsabilidad en un futuro cercano. Le ayudará a identificar las diferentes personas que vendrá a estas reuniones. Este material también le ayudará a entender cómo funciona su propio grupo.

En la mayoría de los grupos, estará la persona *muy locuaz* que hace discursos largos, frecuentes y que expresa su opinión sobre todos los temas. Estas personas pueden ser de gran ayuda para el grupo, especialmente si tienen buenas ideas. Mantienen al grupo en actividad. Por el contrario, las personas muy locuaces pueden obstaculizar al grupo robando demasiado tiempo y dominando al grupo. El líder puede evitar que esto suceda dirigiendo preguntas a las demás personas, *nombrándolos* específicamente. O el líder puede decir: "Juan, guarde su comentario por un momento y veamos lo que Miguel y Luis sienten con respecto a esto." Si esto no es efectivo, eventualmente el líder tendrá que hablar con la persona locuaz después de una reunión, para explicarle de qué modo su comportamiento obstaculiza el grupo.

La mayoría de los grupos también tienen personas *tímidas*. Por infinidad de motivos, estas personas asisten a las reuniones sin participar realmente. Las personas tímidas, no obstante, son también útiles al grupo. Como observadores, pueden brindar una perspectiva objetiva a un debate acalorado. Eso es, si hablan. Pero este es el problema. Por lo general, al no expresarse, sus opiniones se pierden. Las personas tímidas impiden que el grupo comparta en un nivel más profundo porque nadie conoce en realidad lo que ellos piensan o sienten.

Generalmente, las personas tímidas sienten que no tienen nada valioso para compartir. Pero, por supuesto, *sí* lo tienen. Cada persona es importante y tiene una perspectiva valiosa que el grupo necesita. El grupo debe ayudar a las personas tímidas a entender esto. Una persona tímida puede ser animada con preguntas simples (aunque no simplistas), las cuales requieren la expresión de una opinión o preferencia (preguntas que no tengan dificultad en responder).

Cuando las personas normalmente activas se alejan del grupo y se transforman en *observadores*, usualmente significa algo. Pueden sentirse incómodos con el grupo o estar distraídos por problemas personales. El líder debe tratar con mucha suavidad de que el observador se vuelva a integrar al grupo, exactamente como lo haría con una persona tímida.

Los comentarios y agregados de la persona *cómica* pueden ser valiosos para el grupo, ya que producen alivio de tensiones y una perspectiva fresca sobre el tema de discusión. Una buena carcajada hace bien. Pero la comedia llega a ser fastidiosa si *todo* se torna en una broma. Tal comportamiento llega a ser, entonces, solamente una manera de atraer la atención. Además, un comentario impertinente en el momento menos oportuno puede destruir la atmósfera del grupo. Si esto sucede, una charla luego de la sesión puede ayudar a la persona a ver que el valor positivo de su humor se pierde cuando es tan frecuente que llega a ser molesto.

La persona con una *agenda oculta* puede perturbar al grupo. Esta clase de persona asiste al grupo para, aparentemente, participar en la tarea del mismo, pero todo el tiempo tiene otras cosas más importante en su mente. Por ejemplo, alguien puede tener una cita para cenar tan pronto como finalice la reunión y por tanto está ansioso para terminar. Otra podría estar más interesado en demostrar su capacidad en cierta área que en continuar con la tarea. Resulta difícil que tales personas compartan plenamente la actividad del grupo, a menos que estén dispuestos a ser honestos con respecto a sus preocupaciones. El líder, sospechando que alguien esconde una agenda oculta, podría preguntar (si la persona es capaz de aceptar el mensaje): "Pedro, parece que tienes algo en mente. ¿Podríamos conversarlo antes de continuar con la discusión?"

La persona que *se desvía del tema* perturba al grupo porque no permite que los participantes se concentren en los temas principales. Una manera de evitar desvíos es decir: "Muy interesante María. Ahora bien, ¿qué piensan los demás de la pregunta en cuestión...?" Si la persona persiste, el líder puede sugerir que se discuta el tema de distracción luego de la sesión. A veces todo el grupo acepta contento el desvío, especialmente si lo que se está estudiando es muy desafiante para cada uno de ellos. En vez de enfrentar el tema, prefieren refugiarse en temas secundarios.

El *polemista*, que disputa cada observación, es desconcertante para el grupo. El desacuerdo, por cierto, no es necesariamente malo. Aquellos que tienen la habilidad de ver el otro lado del tema en cuestión, pueden salvar al grupo de la parcialidad. Pero el grupo debe sentir que la oposición es genuina, y no mera oposición por sí.

A veces el desacuerdo ocurre, simplemente, porque la persona no ha comprendido lo que se está diciendo. Siempre hay una brecha entre lo que decimos y lo que se oye. Así puede ser que la persona está atacando una caricatura. En estos casos, el grupo debe ayudar pacientemente al discutidor a que "oiga" lo que realmente se está diciendo. Sin embargo, la persona puede todavía estar en desacuerdo. Esto es aceptable siempre y cuando el desacuerdo sea con buen humor, sincero y respetuoso. La discusión es peligrosa cuando se carga de emoción y de actitudes no expresadas verbalmente (pero entendibles): "Si no estás de acuerdo conmigo, eres un idiota." Esto no ocurrirá, por supuesto, si el grupo ha desarrollado el amor y el respeto mutuo.

El ambiente del grupo

En realidad, muchos problemas a nivel subjetivo se evitarán si el ambiente del grupo es bueno. Si una persona siente calidez, amor y aceptación del grupo, no tendrá que discutir despiadadamente o hablar demasiado. Si una persona siente que será aceptado y no condenado a pesar de lo que diga, no tendrá que ocultarse por ser tímido, o tampoco ruidoso. Si el grupo ofrece ejemplos de participación honesta, todos se sentirán animados a quitarse la máscara detrás de la cual se ocultan y dejarán que sus verdaderas personalidades sean conocidas por el grupo. De esta manera se abrirán también al amor sanador y redentor de Cristo.

¿Qué ambiente, entonces, queremos lograr? En mi opinión, la respuesta se resume en tres palabras: aceptación, honestidad y amor. Aspire a ser un grupo que *acepta*, no siempre inclinado a juzgar o remarcar las faltas e ideas equivocadas de los demás; un grupo *honesto*, en donde se puedan expresar los verdaderos sentimientos y pensamientos, en donde tenga lugar un auténtico crecimiento; y un grupo que *ama*, en el cual existe una genuina preocupación mutua.

Aceptación. Si consideramos haber "llegado" espiritualmente o si creemos tener un especial discernimiento con respecto a la voluntad de Dios más allá de la mayoría, nos sentiremos con capacidad para juzgar a otros. Consciente o inconscientemente, juzgaremos a los no cristianos del grupo porque aún no han llegado a nuestro estado espiritual de entendimiento. Por tanto, sentiremos que los no cristianos deben aprender de nosotros y que nosotros no podemos aprender de ellos. Con frecuencia, también juzgamos a los cristianos que no pertenecen a nuestra denominación (o grupo). ¡Obviamente poseen escasa sabiduría espiritual, de lo contrario estarían en nuestra iglesia!

Llegamos a ser cristianos que amamos y aceptamos solamente cuando entendemos que nosotros también somos pecadores necesitados de gracia. Y necesitamos la gracia del perdón no por única vez cuando nos convertimos, sino una y otra vez. Hasta que lleguemos a este punto, tendremos la tendencia de juzgar a los demás. Evaluaremos sus ideas y comportamiento sobre la base de nuestras ideas y comportamiento, los cuales consideramos normativos. Todavía lo hacemos porque nunca nos hemos visto realmente como Dios nos ve: con nuestras vanidades, puntos débiles, fallas escondidas y otras faltas. Como lo ha dicho Dietrich Bonhoeffer: "Si mi carácter pecaminoso me parece un poco menor o menos detestable en comparación con los pecados de otros, no estoy aún reconociendo para nada mi estado pecaminoso." [4] Que Dios nos dé a cada uno de nosotros una visión de esa profunda y extensa falla en nosotros que llamamos pecado. Y también que nos dé el conocimiento de la riqueza de su perdón frente a nuestra gran necesidad.

¿Qué pasa entonces cuando llegamos al punto de creer que somos hombres y mujeres con profundas necesidades? En primer lugar, podemos comenzar permitiendo a Dios que satisfaga estas necesidades en nosotros y así comenzar a experimentar la realidad del evangelio. En segundo lugar, comenzaremos a aceptar a todas las personas —cristianos y no cristianos— tal como son: criaturas pecadoras junto con nosotros. No es que aceptemos el pecado. Por el contrario, llegamos a tener una nueva aversión hacia este cáncer, porque ahora sabemos de qué manera destruye. En tercer lugar, llegamos a sentir una nueva afinidad con otros porque nos acercamos a ellos, no como uno que ha "llegado", sino como un mendigo que le cuenta a otro mendigo dónde encontrar comida. [5] Y veremos otros mendigos gozosamente descubriendo esa "comida" por sí mismos. Sam Shoemaker resumió todo esto cuando dijo sabiamente: "Se necesita a un pecador para cazar a otro pecador." [6]

Honestidad. Una vez que nos hayamos visto como verdaderamente somos (gente pecadora, pero amado por Dios), entonces no sólo comenzamos a deshacernos de esa naturaleza crítica, sino que también podemos llegar a ser honestos.

Comenzamos a desarrollar la capacidad para ser honestos cuando nos damos cuenta de nuestra propia naturaleza pecaminosa. A medida que nos enfrentamos con nosotros mismos (y continuamos enfrentándonos) y luego permitimos que Cristo nos perdone y nos sane y nos renueve, estamos en condiciones de convivir con el lado oscuro de nuestra personalidad. Es justamente cuando no podemos enfrentar este lado de nosotros mismos que tenemos que simular que no existe, y por tanto nos vemos forzados a ser deshonestos. Pero *podemos enfrentar cualquier cosa en nosotros mismos si sabemos que Dios realmente nos ama; que donde existe una auténtica culpa encontramos un profundo perdón; y que nuestro lado oscuro puede ser redimido.* El amor, el perdón y la redención borran los efectos de la oscuridad y nos dan transparencia frente a los demás, la cual es la marca de la honestidad.

Cuando nos hemos visto tal cual somos y hemos permitido que Cristo nos maneje, entonces nos podemos abrir a los demás. Y cuando nos abrimos, otros pueden comenzar a abrirse a nosotros. Este es el primer paso hacia su propia sanidad. "En todos sus últimos libros Tournier (el siquiatra suizo) indica que cuando él se siente personalmente dispuesto a compartir sus propias faltas, dudas y fracasos con sus pacientes... y se hace vulnerable a ellos, surge la sanidad. Pero cuando es meramente un profesional y se acomoda en su sillón y le pide a su paciente que exponga su problema, no ve el mismo resultado." [7]

Es por esto que la honestidad es esencial. Si estamos simulando sentir lo que no sentimos, o si nos escondemos tras palabras o ideas piadosas, nada puede suceder. El Espíritu Santo está atado por nosotros. El poder del evangelio está inhibido. Pero cuando podemos ser abiertos, especialmente con nuestra experiencia con Cristo, la vida puede fluir. [8]

Un comentario más. Un hombre ha escrito: "La honestidad transparente es sólo posible para personas que son emocional y espiritualmente sanas y maduras." [9] Por supuesto, tiene razón. Nuestros grupos de extensión reflejarán la riqueza —o pobreza— de nuestra experiencia espiritual. De nuevo, lo que dice esto es que la prioridad máxima para cada uno de nosotros necesariamente es dedicarnos al conocimiento de Cristo. El punto inicial en nuestro intento de ser honestos podría ser cuando necesitamos confesar honestamente que conocemos poco a Cristo. Pero una vez que hemos reconocido esto, resolvamos entonces rectificar la situación.

Amor. El amor es la consecuencia inevitable de la aceptación y la honestidad. Cuando usted descubre que la gente conoce su yo verdadero (porque usted ha sido honesto) y no obstante lo acepta (con defectos y todo), lo que usted siente es amor.

Indudablemente, el amor es más que un sentimiento. El amor cristiano (*agape*), por definición, es activo... es acción desinteresada a favor de otra persona. Es verdaderamente asombroso pertenecer a un pequeño grupo donde el amor es experimentado en forma concreta y también es sentido profundamente.

Lo que he bosquejado aquí es un *ideal*: un grupo en el cual cada persona es honesta y receptiva, cálida y abierta a todos; un grupo en el que ningún tipo de postura es necesaria; un grupo en el que los niveles subjetivos y objetivos de interacción funcionan en armonía; un grupo en el que las necesidades individuales son satisfechas y donde la gente concurre para experimentar la realidad del evangelio.

Su grupo no será perfecto, ni más ni menos perfecto de lo que usted y yo somos. Me resulta mucho más fácil *escribir* acerca de la honestidad, de la aceptación y del no juzgar que *actuar* consecuentemente de esta manera con mi familia, mis amigos y mis colegas. Pero de todas maneras esta es mi meta: llegar a ser libre en Cristo y ser lo que él quiere que yo sea.

Así también, lo que he bosquejado en estas páginas son *objetivos* (y algunas ideas para lograrlos). No son pautas por medio de las cuales usted debe juzgar al grupo. Son metas hacia las cuales debe apuntar.

Podría decir mucho más acerca de la iniciación y el manejo de pequeños grupos. Sin embargo, la mejor forma de aprender acerca de la conducción de pequeños grupos es ser parte de uno usted mismo. Su propia experiencia en grupos es su mejor libro de texto. Todo lo que puedo hacer es darle algunas ideas de cómo comenzar y qué esperar.

Interacción

El *pequeño grupo y yo*

Usted ha participado en un grupo durante cuatro semanas. Es tiempo que se detenga y analice su relación con los demás en el grupo. Este será un ejercicio valioso, ya que nuestra relación con otros en un grupo, generalmente, refleja nuestra relación con la gente en general. Si usted no está utilizando este libro con un grupo pequeño sino para usted solamente, recuerde experiencias que haya tenido con otros grupos pequeños mientras contesta estas preguntas.

1. ¿Qué clase de miembro de grupo es usted? Marque a continuación aquellas frases descriptivas que mejor manifiestan su forma de actuar en el grupo.

   a. Tímido . . . . ____
   b. Habla demasiado . . . . ____
   c. Discute mucho . . . . . . ____
   d. Ingenioso. . . . . ____
   e. Agresivo . . . . ____
   f. Pasivo . . . . ____
   g. Observador. . . . . ____
   h. Silencioso . . . . ____
   i. Teórico . . . . ____
   j. Líder. . . . . ____
   k. Con poder de síntesis . . ____
   l. Aburrido. . . . . ____
   ll. Entusiasta . . . . ____
   m. Temeroso . . . . ____
   n. Confundido. . . . . ____
   ñ. Hostil . . . . ____
   o. Agenda secreta. . . . . . ____
   p. Pacificador . . . . ____
   q. Portero . . . . ____
   r. Otro . . . . ____

2. ¿Por qué, en la medida en que se comprende a sí mismo, actúa de esta manera?

3. ¿Cuáles son sus roles en el grupo pequeño y de qué manera su presencia beneficia al grupo?

4. ¿Cuáles son los problemas potenciales?

5. ¿Qué aspecto de su comportamiento, en el grupo, le gustaría cambiar? ¿Por qué?

6. ¿Cómo lo haría?

7. ¿Cómo piensa que lo ven los otros en su grupo?

8. ¿Tiene problemas con respecto a su relación con alguno en el grupo? ¿Por qué?

13. De su relación con el grupo, ¿qué ha aprendido acerca de su relación con su familia… sus amigos… sus colegas?

9. ¿Qué puede hacer para mejorar esta relación?

10. ¿Cómo evaluaría su propia honestidad?

11. ¿Cómo se evaluaría como persona que acepta a los demás?

12. Si usted se animara a ser totalmente honesto con alguna persona, ¿qué compartiría?

6

Conversando acerca de Jesús:

El contenido de nuestro testimonio (I)

Durante la campaña "Decirlo a Escocia" (Tell-Scotland) a mediados de los años cincuenta, un pastor del norte escribió a los organizadores en la sede central en Glasgow. "Tenemos nuestras comisiones organizadas, nuestra literatura preparada, nuestro programa establecido, nuestra promoción en camino. Estamos listos para tomar parte en la campaña `Decirlo a Escocia'. Pero por favor díganme, ¿qué le decimos a Escocia?"
Lighton Ford

Su encuentro de extensión ya es historia. La pregunta que seguramente cruzó por su mente, previa al evento, fue la siguiente: ¿qué es exactamente lo que deberíamos tratar de comunicar acerca del cristianismo? No se dió ninguna respuesta específica a esta pregunta porque usted tenía suficientes preocupaciones con la planificación y ejecución del encuentro. Además, el encuentro de extensión no tenía otra intención que la de despertar interés por el cristianismo. Si la gente se retiraba diciendo: "Sabes, tal vez hay algo en esto del cristianismo después de todo", entonces el intento era más que suficiente. El asunto es diferente, sin embargo, cuando se trata de la serie de encuentros de evangelización. Estas son las reuniones que tendrá que planificar y auspiciar cuando finalice este grupo de capacitación dentro de tres semanas más. Entonces, cuando tenga más tiempo (varias reuniones, no sólo una), querrá presentar un mensaje completo del evangelio. En este capítulo y en el capítulo 7, nos concentraremos en el contenido del evangelio y en la forma en que podría ser comunicado en el marco de un grupo pequeño.

Es importante, primeramente, tener una visión global del mensaje del evangelio. ¿Cuáles son los elementos claves de estas "buenas nuevas" las cuales pensamos presentar a otros? Tengo un ejercicio que realizo con mis alumnos: les pido que anoten aquellas palabras que definen, para ellos, la esencia del evangelio. Luego les pregunto: "¿De qué le gustaría hablar en el caso que un amigo interesado e inconverso les pidiera que le explique el cristianismo?" Luego de algunos minutos recojo los resultados. Normalmente termino con una lista de no menos de veinticinco o treinta "grandes palabras", es decir, palabras como *fe*, *salvación* y *justificación* que están cargadas de contenido.

Un bosquejo del Evangelio

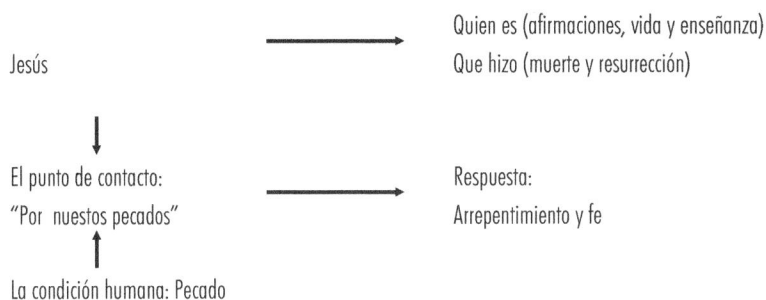

Jesús → Quien es (afirmaciones, vida y enseñanza)
Que hizo (muerte y resurrección)

El punto de contacto:
"Por nuestos pecados" → Respuesta:
Arrepentimiento y fe

La condición humana: Pecado

Con un poco de reflexión, se dan cuenta de que no hay tiempo para explicar todos estos conceptos en una conversación corriente. Por tanto, pregunto nuevamente: "¿Cuáles son los elementos realmente básicos?"

Finalmente queda claro que el meollo del evangelio es Jesús y lo que él hizo para solucionar la condición humana. El diagrama es un ejemplo de cómo expresar estas afirmaciones centrales de la fe cristiana. El diagrama no es perfecto, ni completo, ni la única manera de comunicar el evangelio. Esta presentación y otras similares son, simplemente, maneras de ayudarnos a captar las cosas esenciales que debemos decir. También nos ayudan a no perdernos en el laberinto de todas las otras cosas que podríamos decir.

Note las tres partes principales. Primero, el mensaje del evangelio enfoca a *Jesús*. El es central. Está en el centro de lo que Dios está haciendo en el mundo. Segundo, la vida de Jesús no se vivió en el vacío ni sin propósito. Su vida, muerte y resurrección respondieron al problema central de la condición humana: específicamente, el *pecado*, que nos ha separado de Dios y ha separado a las personas. Finalmente, cualquier presentación del evangelio debe unir los dos primeros hechos. ¿De qué manera la acción de Dios en Jesucristo responde a nuestra necesidad de perdón por nuestros pecados? Concreta-

mente, ¿de qué manera un hombre o una mujer *responde a Jesucristo*? En este capítulo trataremos el primer elemento del diagrama, la naturaleza y la obra de Jesús. En el capítulo siete los temas serán el problema del pecado y la naturaleza de nuestra respuesta a Jesús.

Jesús es el corazón del evangelio. Nuestra meta fundamental, en el testimonio y la evangelización, es la de ayudar a otros a descubrir *quién* es, de tal manera que sean atraídos irresistiblemente hacia su persona. De manera particular, necesitamos presentar las respuestas a dos preguntas: ¿Quién es Jesús? y ¿Qué ha hecho?

La persona de Jesús

Existe mucha confusión con respecto a quién es Jesús. Si usted preguntara a un grupo representativo de personas quién es Jesús, sus respuestas se extenderían desde profeta a lunático, desde fanático religioso a manso pastor. Lo verían como un gran maestro, como un vidente con una profunda penetración en la naturaleza de la realidad, como una ficción de imaginaciones piadosas, como un bondadoso pero desubicado impostor, o como el Hijo de Dios. Es importante, por lo tanto, que cuando presentemos el evangelio, no simplemente usemos el nombre de Jesús esperando que la gente lo entienda como nosotros.

Al presentar quién es Jesús, generalmente lo mejor es comenzar con lo que Jesús mismo dice con respecto a su identidad. Específicamente, necesitamos ayudar a otros a que vean que Jesús afirmó ser "el Hijo de Dios". C. S. Lewis lo aclaró bien:

Jesús dijo: `Yo soy el engendrado del único Dios, antes que Abram fuese, yo soy.' Y recuerde qué significaban las palabras `yo soy' en hebreo. Eran el nombre de Dios, que no debía ser expresado por ningún ser humano, que la pena de pronunciarlo era la muerte... Si usted hubiese ido a Buda y preguntado: `¿Eres tú el hijo de Brahama?' él habría dicho: `Hijo mío, aún te encuentras en el valle de la ilusión'. Si hubiese ido a Sócrates y preguntado: `¿Eres tu Zeus?' se le habría reído. Si hubiese ido a Mohammed y preguntado: `¿Eres tú Allah?' primero habría rasgado sus vestiduras y luego le habría arrancado su cabeza. Si le hubiese preguntado a Confucio: `¿Eres tú el Cielo?' creo que probablemente le habría contestado: `Los comentarios que no están en concordancia con la naturaleza son de mal gusto'." [1]

Jesús se distinguió de todos los otros profetas y maestros por la magnitud de sus afirmaciones. La gente debe entender esto si han de venir a él. No podemos evitar el tema.

"Estoy dispuesto a aceptar a Jesús como un gran maestro moralista, pero no acepto su afirmación de ser Dios. Esta es una cosa que no podemos decir. Un hombre que fuera simplemente un hombre y dijera las cosas que Jesús decía no sería un gran moralista. Sería un lunático —a la misma altura del hombre que dice ser un huevo frito— o si no sería el Diablo del infierno. Usted tiene que elegir. Este hombre era, y es, el Hijo de Dios, o de lo contrario es un loco o algo peor. Lo puede hacer callar por tonto, lo puede escupir y matar como a un demonio; o puede caer a sus pies y llamarlo Señor y Dios. Pero no vengamos con ningún tipo de disparate con respecto a que él es un gran maestro moralista. No nos dejó esa opción. No fue su intención." [2]

¿Quién es, por tanto, Jesús? Dicho de la manera más simple, Jesús es Dios. Jesús es Dios-en-carne, quien vino en un momento especial de la historia humana con un propósito específico: terminar con la rebelión de la humanidad contra Dios. Sólo cuando las personas saben exactamente quién es Jesús —Salvador y Señor— pueden llegar a él en verdad y confianza.

Si usted es claro e inteligible en su testimonio, es a esta altura que sus amigos lo detendrán y dirán: "¡Un momento! ¡No me puedes pedir que crea esto! ¿Qué prueba existe que Jesús es realmente quien afirma ser?" Esta es una pregunta razonable y toda mente inquisitiva debe ser satisfecha con respecto a este punto.

Existe, por supuesto, para el buscador genuino, prueba substancial de que Jesús es verdaderamente Dios encarnado. La verificación principal de la afirmación de Jesús de su deidad, es la resurrección. John Stott en su libro *Cristianismo básico* nos da un repaso excelente de la evidencia relacionada con la afirmación de Jesús con respecto a su deidad.

La obra de Jesús

La siguiente pregunta es: ¿Por qué razón se humanizó Dios?

El vino, desde luego, a enseñarnos. Pero aunque fue importante su enseñanza, vino principalmente a morir. Ya que muriendo abrió la posibilidad del perdón al hombre y la mujer, y por tanto, la posibilidad de entrar en comunión con Dios.

Su muerte fue necesaria para derribar la barrera entre Dios y la humanidad, una barrera creada por la elección humana de vivir una vida apartada de Dios, lo que llamamos *pecado*. Cuando elegimos andar solos, este pecado nos contamina, imposibilitando que conozcamos a Dios en forma personal. A través de la muerte de Cristo, el efecto dañino del pecado se invierte. Podemos ser perdonados y conocer a Dios. Como dijo Pedro: "Cristo padeció una sola vez por los pecados, el justo por los injustos, para llevarnos a Dios..." (1 Pedro 3:18).

Podríamos decir mucho más acerca de la expiación. Se han escrito volúmenes y volúmenes en un intento de sondear la profundidad de su significado. No obstante, todo lo que necesitamos saber y creer es: porque Cristo murió, podemos volver a Dios y ser perdonados. No complique su testimonio tratando de exponer teorías sobre la expiación, ya que corre el riesgo de oscurecer el hecho glorioso y obvio de que por la muerte de Cristo podemos acercarnos a Dios. C. S. Lewis lo expresó así:

> *La gente comía y se sentía bien, mucho antes que se escuchara sobre la teoría de las vitaminas; y si la teoría de las vitaminas algún día se abandona seguirán comiendo exactamente igual. Las teorías acerca de la muerte de Cristo no son cristianismo: son explicaciones de cómo funciona... Se nos dice que Cristo murió por nosotros, que su muerte ha lavado nuestros pecados y que por morir inhabilitó a la misma muerte. Esta es la fórmula. Esto es cristianismo. Esto es lo que se debe creer. Todas las teorías que construyamos sobre el significado de la muerte de Cristo son, en mi opinión, totalmente secundarias; meros planos o diagramas para ser olvidados si no nos ayudan, y si en realidad nos ayudan no deben ser confundidos con la verdad misma.* [3]

Pero Cristo no meramente murió y luego permaneció muerto. Los cristianos no tienen la tumba de su profeta muerto al que visitan en peregrinajes. Al tercer día luego de su muerte, él se levantó corporalmente del sepulcro. Vivía nuevamente: plena y cabalmente. Tenía un cuerpo. (No era un fantasma.) Habló con la gente. Comió con ellos. Luego de cuarenta días, ascendió corporalmente al cielo. Esto significa que él está vivo y por tanto se lo puede conocer. Una relación con Jesús es posible. La fe cristiana no es, en consecuencia, una simple afirmación de un conjunto de proposiciones doctrinales; tampoco es una mera conformidad a una ética o a una organización. Ser cristiano es tener una relación con el Cristo viviente, que murió por nuestros pecados y luego se levantó nuevamente, triunfando sobre la muerte.

Hablando acerca de Jesús

¿De qué manera expresamos estas verdades acerca de Jesús, en el contexto de un grupo pequeño, de tal forma que puedan ser oídas?

Primero, nuestra actitud como cristianos es esencial. ¿Queremos un *diálogo* acerca de Jesús, o un *monólogo*? No es una pregunta fácil de responder. Tenemos opiniones firmes de Jesús. Sentimos que en nuestra cultura hay una comprensión distorsionada de su verdadera naturaleza. La queremos corregir. Queremos "presentar la realidad", "exponer los hechos correctamente". ¿De qué manera podría un no cristiano contribuir a una conversación acerca de quién es Jesús? Por lo tanto, predicamos y dogmatizamos.

Pero la realidad es que cuando los no cristianos comienzan a examinar los datos por sí mismos, tienen una asombrosa perspicacia con respecto a quién es Jesús. Y aún no he encontrado al cristiano que posea una cabal comprensión de Jesús. Mi entendimiento de Jesús ha crecido (y sigue creciendo) a través de los años. Es mucho más de lo que jamás imaginé; y aprendo lecciones profundas acerca de su persona a través de toda la creación, incluyendo a los incrédulos. Por tanto, una conversación abierta sobre Jesús entre un grupo de cristianos y no cristianos no sólo es posible, sino puede ser altamente fructífera para todos. El secreto es crear un ambiente que promueve la investigación respetuosa y estimulante.

Existen dos formas de realizarlo: *directamente* o *indirectamente*. La primera consiste en echar una mirada directamente al tema de quién es Jesús, ya sea por medio de libros u otro medio. Por ejemplo, el libro *Cristianismo y nada más* de C. S. Lewis es una presentación concisa, aguda y muy atractiva sobre quién es Jesús. Podría ser atractivo, para un grupo, estudiarlo durante una serie de reuniones. Para ponerlo en práctica, asegúrese de que todos tengan un ejemplar del libro. Luego pónganse de acuerdo en leer algunos capítulos antes de la sesión del grupo. (Tal vez usted quiera preparar una serie de preguntas como guía de estudio para enfocar la lectura.) Luego estudien el material juntos durante la reunión del grupo. Prepare un conjunto de preguntas —hechos, significado, aplicación— para guiar la discusión (ver cap. 8). Y recuerde, su meta no es "convencer" sino "presentar". Finalmente, es el Espíritu Santo quien convence. No se cargue con esa responsabilidad.

Por otro lado, si la gente no tiene tiempo de prepararse para la discusión del grupo, pueden leer el material en forma conjunta, o en silencio o en voz alta. O podría organizar subgrupos que trabajen diferentes tipos de material: una compilación de las afirmaciones de Jesús con respecto a su deidad; otra colección de materiales de las maneras en que Jesús demostró su deidad; y un tercer conjunto mostrando las reacciones de la gente frente a sus afirmaciones. A cada subgrupo se le asigna la tarea de resumir su material y presentarlo a todos en cinco minutos. Luego utilice estas presentaciones como base para la interacción grupal.

Existen otras formas, además del texto impreso, para presentar la realidad de Jesús. Por ejemplo, que alguien hable durante diez minutos acerca de este material y luego se discuta lo que dijo. Pero asegúrese de que sea una presentación atractiva. Otra posibilidad sería utilizar una conferencia o un sermón grabado o verlo en videocasete. O tal vez prefiera usar algunas de las otras ideas presentadas en el capítulo 4. Elija el medio de acuerdo a su público.

Cualquiera sea el material que se presente, asegúrese de que esté bien hecho. Evalúe cuidadosamente cualquier material que utilice. ¿Es claro? ¿Se utiliza una jerga que solamente los cristianos entenderán? (Posiblemente tendrá que desarrollar una sensibilidad con respecto a cómo "oyen" los no cristianos nuestras palabras favoritas como fe, pecado, salvación, etc.) ¿Es interesante? ¿El estilo de la presentación huele a anticuado, o que ha salido de una cultura extraña (desde el punto de vista no cristiano)? ¿O es dinámico, lleno de energía? ¿Tiene un poder convincente? ¿Suena a verdad? ¿Está lleno de amor? Por supuesto, puede ser imposible encontrar el material perfecto, según nuestra definición. Sin embargo, si usted es consciente de las limitaciones de un determinado material, puede compensar esas deficiencias y no permitir que disminuyan el impacto total.

El enfoque *indirecto* (o inductivo) es por lo general el mejor modo de ayudar a la gente a descubrir quién es Jesús, ya que es un análisis indirecto de Jesús a través de un tema que es de interés inmediato para el grupo. Por ejemplo, un tema como "Un enfoque cristiano de la familia" revelará que el centro mismo del cristianismo es la familia: la familia de Dios creada por la obra de Cristo y sostenida por el Espíritu Santo. Discutir la idea de la familia de Dios conducirá de una manera muy natural a todo el tema de cómo llegamos al conocimiento inicial de Dios (y de esta manera llegar a ser un miembro de la familia de Dios); de cómo la muerte de Jesús hace posible tal relación con Dios; y de cómo tales relaciones familiares son practicadas en la vida diaria.

Este enfoque indirecto tiene su valor por cuanto mientras se tratan temas de gran interés para el grupo, se levantan menos barreras potenciales (ya que no comienza con un tema potencialmente controvertido como "¿De veras se levantó Jesús de la muerte?"). El inconveniente es que resulta más difícil asegurarse que diferentes facetas de la persona y obra de Jesús sean abordadas y analizadas.

A mi entender, el mejor enfoque indirecto es un estudio inductivo de uno de los evangelios. Digamos que su tema es "El evangelio según San Marcos". Al estudiar Marcos, la naturaleza y obra de Jesús se descubrirá lenta y naturalmente. Y se presentará de una manera convincente. Tanto cristianos como no cristianos aprenderán a medida que la respuesta a la pregunta "¿quién es Jesús?" emerja del texto mismo.

Cualquiera sea su enfoque (directa o indirectamente), la pregunta persiste: ¿De qué manera el grupo pequeño digiere lo que va descubriendo? Un debate alrededor de una serie de preguntas cuidadosamente elaboradas, es una forma de hacerlo. Un segundo enfoque sería reflexionar sobre la respuesta personal a Jesús. Por ejemplo, si se estudia el incidente de Cesarea de Filipo en Marcos 8:27 - 9:1 y se llega a la pregunta: "¿Quién dice la gente que soy yo?" sería apropiado preguntar: "¿De qué manera responde nuestra cultura a esta pregunta hoy?" Luego se puede preguntar "¿Cómo has respondido *tú* a esa pregunta? ¿Quién era Jesús para tí a los cinco años? ¿A los quince? ¿A los veinticinco? ¿Ahora?"

La dramatización es otra buena opción para el aprendizaje. Estudien juntos el relato de la resurrección. Luego pida a un integrante del grupo que interprete la escena como si hubiese estado frente a la tumba vacía. Primero que trate de explicar qué vió a otros tres (los cuales pueden interpretar diferentes personajes del siglo primero) y luego discuten juntos cómo pudo haber quedado vacía la tumba. La dramatización es poderosa. Em Griffin describe su experiencia al observar a estudiantes secundarios considerando entre ellos el tema de la fe cristiana a través de una dramatización:

> En *una reunión del grupo sugiero que los miembros confeccionen una lista de todos los posibles beneficios que han oído o que puedan pensar, de ser cristianos. Subrayo que no tienen que creer realmente que estas cosas serán para un seguidor de Cristo, sino simplemente que puedan suceder. Luego dejo abierta la reunión a cualquiera que desee dar una idea. Tienen completa libertad de participar o permanecer en silencio. La mayoría de estos chicos no son cristianos, sin embargo, presentan docenas de importantes razones por qué deben confiar en Dios. He notado que normalmente recuerdan mejor lo que ellos mismos dijeron. Muchas veces llegan a creerlo y actuar en base a ello.* [4]

El estudio de quién es Jesús en pequeños grupos es fascinante y beneficioso. El proceso básico es muy directo. Primero, presentar el material de una manera clara y atractiva. Luego, reflexionar juntos y digerir lo que han descubierto para que impacte tanto a la mente como al corazón. De este modo, tanto cristianos como no cristianos, son desafiados a responder a Jesús de una manera nueva.

Interacción

Como evaluar nuestro grupo de extensión

Responda las siguientes preguntas. (Servirán de base para debatir durante la sesión grupal.)

1. ¿Cómo evalúa el encuentro de extensión en cuanto a:

    a. Nivel de interés?

    b. Comunicación?

2. Describa el ambiente de la reunión:

6. ¿Qué se puede hacer para mejorarlo?

3. ¿Cómo se sintió usted personalmente:
   a. antes de la reunión?

7. ¿Qué lecciones aprendió?

b. durante la reunión?

Un diálogo acerca de Jesús

Escriba un diálogo imaginario en el que un cristiano explica a un no cristiano interesado (1) quién es Jesús, (2) qué ha hecho, y (3) qué significa esto para una persona. Asegúrese de tocar cada uno de estos tres puntos. Dé por sentado que el no cristiano no tiene objeciones, pero es simplemente ignorante con respecto a Jesús. Podría escribirlo como un diálogo entre usted y un amigo que trajo al estudio de extensión, o como una carta a un amigo que no pudo asistir a él.

c. después?

Este diálogo no sólo le dará una oportunidad para pensar y escribir su respuesta a este tema clave; también le ayudará a pensar acerca de la clase de preguntas que los no cristianos tienen acerca de Jesús. Si le resulta difícil completar este ejercicio, podría leer de nuevo *Cristianismo básico* de John Stott o *Cristianismo y nada más* de C.S. Lewis.

4. ¿Cuáles fueron los mejores aspectos de la reunión?

5. ¿Qué aspectos no funcionaron bien?

7

Presentar la persona de Jesús a otros:

El contenido de nuestro testimonio (II)

Cuanto más vivo, más seguro estoy de que casi todos necesitamos ser sacudidos, y el impacto de un profundo desafío y una verdadera conversión. Detrás de la actitud "Pero yo siempre he tenido fe", yace generalmente un gran orgullo; y una evidencia de ello puede ser la impotencia de esta persona de comunicar la fe a otras personas.
[Samuel Shoemaker]

La pregunta clave de este capítulo es: ¿Cómo puede una persona llegar a ser un verdadero cristiano? ¿De qué manera una persona que ha llegado a *creer* que Jesús es el Hijo de Dios viviente, transfiere estas convicciones históricas y teológicas a la *experiencia* de llegar a conocer a Jesucristo? La vida cristiana que no pasa del nivel de compromiso con credos, muchas veces está vacía y triste. ¿Qué es, por tanto, lo que convierte esas afirmaciones ciertas en una suerte de verdad ardiente que cambia vidas? La conciencia de que somos necesitados y perdidos. Esto corresponde a la segunda parte del diagrama del capítulo anterior: la condición humana.

La condición humana

¿Qué *es* la condición humana? En una palabra, todos somos imperfectos. Algo anda mal —terriblemente mal— con todos los seres humanos. Decir esto no resulta muy extravagante para los oídos modernos. Todos sabemos (a menos que nuestra ideología nos prohiba reconocerlo) que existe una enfermedad en nosotros. A nivel mundial, vemos esta enfermedad expresada en las guerras persistentes, en el hambre mundial y en la polución que amenaza la existencia misma de la biósfera necesaria para mantener la vida. Observamos a este cáncer hacer lo suyo en todos los niveles de la sociedad humana: nación contra nación, grupo contra grupo, persona contra persona. Y tal vez lo más claro de todo: conocemos la realidad del pecado dentro de nosotros mismos. Mentimos, engañamos, manipulamos, arruinamos, lastimamos, odiamos, lloramos. Es en nuestro dolor, en el contexto de relaciones fracturadas, como consecuencia de nuestra desilusión y desesperación, que descubrimos nuestro propio lado sombrío. Y al descubrir nuestra propia oscuridad, nos estremecemos al ver esa misma oscuridad en los demás.

Esto es lo que la Biblia llama "pecado". Pero resulta casi imposible usar esta palabra *pecado* hoy día, porque la hemos esterilizado de tal forma que ha sido despojada de casi todo su significado. La palabra *pecado* se ha convertido en un equivalente para "delitos grandes" —como robar un banco, matar a la suegra o violar a un niño— la clase de cosas que sólo el margen criminal de la sociedad comete. No pensamos en *nosotros mismos* de esta forma.

La definición bíblica del pecado, sin embargo, es más profunda, mucho más comprensiva. En realidad, hay una variedad de palabras griegas y hebreas las cuales están traducidas al castellano como "pecado". Estas palabras pueden ser ordenadas en dos grupos, cada una de las cuales toma un aspecto diferente del pecado. Un grupo de palabras tiene en su núcleo la idea de la *ruptura de la ley*. La metáfora central sería la de un campo y una valla. Pasar la valla y entrar al campo prohibido sería *transgresión*: hacer lo que no está permitido. Este grupo de palabras se concentra en la maldad activa (y por lo general deliberada). Aquí es donde cabe el robo a un banco. Aquí es donde encaja el chisme y la glotonería.

El segundo grupo de palabras tiene en su núcleo la idea del *fracaso*. Aquí, la metáfora central en este caso es el arquero tirando flechas a un blanco, ninguna de las cuales aciertan; todas han *quedado cortas*. El pecado también es así. Es lo que *no se hace* además de *hacer la maldad*. Es aquello que no hacemos (pecados de omisión), así como lo que hemos hecho (pecados de comisión). Como tal, este grupo de palabras golpea precisamente al corazón de nuestro problema humano. No es simplemente que actuamos mal; es que existe en nosotros una raíz dañina que se expresa a través de nuestro fracaso. Ambas condiciones necesitan arreglo. Nuestras faltas y nuestros fracasos traen aflicción: a nosotros, a los demás y a Dios.

El pecado y la necesidad humana

¿De qué manera, pues, comunicamos la naturaleza de la condición humana para que nuestros amigos no cristianos admitan su propia necesidad (no sigan negándola) y encuentren en Jesús el poder para enfrentarse a ella?

Algo que no debemos hacer es apuntar con el dedo y decir: "Mira lo que has hecho. Observa qué persona podrida eres." La gente simplemente se niega a hablar, o reacciona ferozmente ante este tipo de acusación culposa. No lo pueden evitar. Dios ha creado al ser humano de tal manera que se protege sicológicamente de tales agresiones. El mismo Jesús dijo: "No juzguéis, para que no seáis juzgados" (Mt 7:1). Creo que no estaba hablando solamente del juicio final, sino también del juicio inmediato que surge cuando pretendemos juzgar a los demás.

No podemos convencer a los demás del pecado. Es tarea del Espíritu Santo. Como dijo nuestro Señor: "Cuando él (el Espíritu Santo) venga, convencerá al mundo del pecado, de justicia y de juicio" (Jn 16:8). No sólo es presuntuoso, sino altamente peligroso para nosotros cuando intentamos tomar el lugar del Espíritu Santo. Cuando así usurpamos el lugar del Espíritu concluimos manipulando a la gente y por lo tanto dañándola.

Lo que *sí* podemos hacer es ser honestos con respecto a nuestro propio pecado y fracaso. Cuando somos honestos y abiertos, los demás se sienten con libertad de admitir (aunque sea sólo para ellos mismos) que también ellos son personas necesitadas. Pero podemos ir más allá. Si la acusación crea defensa, entonces la afirmación crea apertura. Es un hecho curioso que en el contexto de una situación de afirmación, cuando otros señalan nuestros aspectos positivos, nos sentimos libres para decir: "Sí, pero existe este problema..."

También podemos orar. Podemos orar por esa obra interna del Espíritu Santo en las vidas de nuestros amigos, cuando las escamas caen de sus ojos y puedan "ver" cómo son realmente las cosas.

¿Pero qué importancia tiene este "ver"? ¿Por qué es importante que identifiquemos nuestra propia transgresión y fracaso? Porque solamente al ver nuestra necesidad podemos comenzar a descubrir sus raíces. Y al ver la raíz del pecado, comprendemos por qué era esencial que "Cristo muriera por nuestros pecados".

Explicaré lo que quiero decir. Usted comparte con un amigo acerca de la soledad profunda que sintió cuando era niño, creció en un hogar dividido. (Esta clase de revelación personal no debe caer de sorpresa, sino nacer de una situación donde tal honestidad es apropiada.) Usted sigue relatando como esa soledad se mantenía durante la adolescencia y la madurez. Lo impulsó a crear relaciones insalubres, que en vez de ser soluciones a la soledad, hasta aumentaron su temor a la intimidad. Su amigo cuenta como él también sintió algo parecido. No es que en su niñez sufriera la soledad, sino que debido al clima emocional de su familia, nunca aprendió a tener una relación cálida con otras personas. El también entiende de las relaciones inadecuadas.

En el contexto de compartir de esta forma (note que no ofrecimos soluciones enlatadas al amigo, sino nuestro propio dolor y sufrimiento), algo importante ocurre. *Se nombra y se reconoce la necesidad.* Como hemos de ver, el arrepentimiento —que es el primer paso del compromiso cristiano— comienza con el reconocimiento de necesidad. Sin embargo, hace falta un segundo paso. De alguna manera hay que crear un enlace entre nuestra necesidad, y el amor de Dios. Un enlace puede ser el descubrimiento de que la raíz de nuestra soledad, es la falta de relación con Dios. Hemos sido creados para conocer a Dios. Y cuando nos quedamos fuera de esa relación, existe un vacío interno que impide nuestros intentos de crear otras relaciones.

De esta forma podemos *interpretar* para nuestro amigo la raíz real de la soledad. Lo podemos hacer de forma analítica: "Tu soledad realmente nace de tu deseo de conocer a Dios." O lo podemos hacer en forma experimental, compartiendo cómo usted mismo descubrió esta verdad, y luego al acercarse a Cristo, por primera vez en toda su vida ya no sentía la soledad.

Otros problemas tienen su raíz en la rotura de nuestra relación con Dios. *Tememos* porque no tenemos contacto con el Señor del universo quien asigna los límites y posibilidades. *Odiamos* porque nunca hemos conocido el amor incondicional de Dios. *Codiciamos* porque, para nosotros, las relaciones existen para recibir, no para dar; porque no conocemos el amor generoso de Dios demostrado en Cristo Jesús. Nos sentimos *perdidos* porque no tenemos un contacto real con Dios quien da propósito y dirección. Muchas veces es una ayuda para otros cuando podemos ayudarles a interpretar el significado de sus experiencias dentro de un marco teológico; siempre que lo hagamos con amor y sin la intención de imponernos.

Otra relación entre nuestra necesidad y el amor de Dios es esa verdad universal del evangelio que afirma que podemos traer toda necesidad a Jesucristo —no importa cuál sea— sabiendo que nos sanará, porque nos ama y murió por nosotros. En verdad, precisamente queremos comunicar esto: que la respuesta a nuestro pecado, fracaso y debilidad se encuentra en Cristo Jesús.

¿Cómo pasa eso? ¿Cómo la muerte de Jesús responde a nuestro problema de pecado? Según Mary McDermott Shideler:

En términos generales, hay tres maneras en que un Dios omnipotente puede sanarnos. Con un solo movimiento de su mano, diríamos, podría tomar control de nuestras volun-

tades, mentes, cuerpos y corazones divididos. Pero al hacer eso, destruiría nuestra libertad convirtiéndonos en esclavos o títeres... O también Dios puede dictarnos un procedimiento, y luego crearnos un cuerpo de reglas; el que las siguiera, se sana. Muchas personas piensan que ha hecho precisamente esto —y es cierto que lo ha hecho— pero a lo sumo es sólo una solución parcial, porque su éxito depende de lo que el hombre hace con su propio esfuerzo...

Por lo tanto, el cristianismo dice que Dios eligió una tercer manera en la que nuestro pecado no es amputado como si fuera por cirugía, ni obligado a someterse como si fuera por una atadura, sino que se sana como si fuera por la medicina. No se debe insistir demasiado con la siguiente analogía, pero sirve como ilustración ahora. Tal como a los animales les inoculamos con ciertos virus para que desarrollen anticuerpos que luego se utilizan para crear vacunas, así Dios voluntariamente se contaminó con nuestra enfermedad de pecado, sabiendo que sólo él podría producir los anticuerpos que serían efectivos contra esa enfermedad, y sabiendo también que ese proceso le obligaría sufrir la agonía y muerte que son consecuencia del pecado. Para que la enfermedad pudiera infectarle, tenía que ser plenamente hombre. Para producir los anticuerpos necesarios para nuestra sanidad, tenía que ser plenamente Dios. Solamente por medio de esta vacuna puede el hombre curarse sin ser irremediablemente mutilado en el proceso. Es tan simple y fundamental como esta ilustración [1]

Cristo murió por nuestros pecados para que pudiéramos regresar a Dios y así vivir. Como lo dijo Pablo: "Antes ustedes estaban muertos a causa de las maldades y pecados en que vivían, pues seguían el ejemplo de este mundo y hacían la voluntad de aquel espíritu que domina en el aire y anima a los que desobedecen a Dios... De esa manera vivíamos también todos nosotros en otro tiempo... Pero Dios es tan misericordioso y nos amó tanto, que nos dio vida juntamente con Cristo cuando todavía estábamos muertos a causa de nuestros pecados." (Ef 2:1-5 V.P.) A causa del pecado, nuestra naturaleza espiritual está muerta. Porque Cristo murió por nuestros pecados, podemos ser vivificados.

La discusión en grupo pequeño acerca del pecado

En el contexto del grupo pequeño, hay que manejar este tema del pecado en dos niveles: el teológico y el experimental.

En el nivel teológico, necesitamos afirmar la realidad del pecado. Vivimos en una época de tolerancia fácil que muchas veces oculta las consecuencias de nuestras acciones. Según lo que vemos en la televisión, por ejemplo, el adulterio puede caer mal al club de abuelas, pero entre adultos que se sienten atraídos el uno por el otro, es bueno. No es gran cosa. Así nos esconden la realidad de la destrucción que siembra el adulterio en el matrimonio. No nos dicen acerca del dolor profundo que trae a todos, incluyendo a los niños inocentes. No vemos el precio —sicológico y aun físico— que siempre se paga por tal infidelidad.

Vemos aun menos el *impacto espiritual* del pecado. En el corazón del pecado está el egoísmo. "Quiero las cosas a mi manera. Soy dueño de mi propia vida." Así bajamos de su trono al Señor de toda la vida y lo mandamos al exilio. Nuestro pecado no nos permite reconocer esto y regresar a él. Así nos apartamos de él. Y al apartarnos de él, morimos: lenta, profunda y seguramente. Con nuestro estilo de vida decimos que no queremos vivir con Dios, ni ahora ni en la eternidad. Y Dios respeta esa decisión.

Hay muchas maneras de presentar esta cuestión teológica al grupo. Se puede estudiar un libro, como la primera parte del libro *Cristianismo y nada más* de C.S. Lewis. Dostóevsky y Kierkegaard demuestran nuestra condición de perdidos con gran poder y elocuencia. Pablo hace lo mismo: es la misma realidad que encontramos en Romanos y Efesios 2. Algunas películas, obras de teatro y novelas son muy capaces de descubrir nuestras pretensiones. Aun los mejores programas de T.V. lo hacen. ¿Cómo aprendió usted la realidad del pecado? Tal vez su respuesta indique la manera de presentar el tema al grupo.

Aunque es cierto que necesitamos entender la teología del pecado y sus consecuencias, aun más importante es nuestra compresión de la realidad del pecado en el nivel experimental. Necesitamos ver y sentir profundamente la realidad de nuestro propio pecado. ¿Cómo ocurre esto en el grupo pequeño?

Ya que no podemos convencer a los demás de su pecado, lo que sí podemos hacer es crear un ambiente de *honestidad* y *afirmación*, en el cual todos se sientan con libertad de reconocer su pecado. Esto es posible en un grupo pequeño. En realidad, es por esto que los grupos pequeños son tan poderosos. Pero no se puede crear tal ambiente en el acto. Necesita desarrollarse durante un tiempo. Los factores principales para ese ambiente son *historia-compartida* y *afirmación positiva*. Por "historia-compartida" quiero decir que cada sesión del grupo debe proveer otra oportunidad donde los miembros puedan compartir un poco más de su historia personal. En la primera sesión pueden responder a preguntas acerca de su trabajo y pasatiempos. En la tercera sesión, la conversación puede tocar las memorias de la niñez, o los sueños del futuro. Al contar nuestras historias el uno al otro, llegamos a ser más transparentes. El contar un incidente —especialmente un incidente difícil— y sentir del grupo el calor, comprensión y aceptación, es en sí una afirmación.

Sin embargo, necesitamos ir aun más allá, y crear situaciones de afirmación activa. Por ejemplo, Lyman Coleman tiene una actividad que llama "Bombardeo positivo", donde "una persona se sienta en silencio mientras los demás piensan en un aspecto positivo que ven en su vida. Cada uno comparte el aspecto positivo que ha seleccionado y explica por qué. Por ejemplo, uno puede decir `Jaime, veo la calidad de *compasión*, porque tienes una tremenda capacidad de preocuparte por otros.' Otro puede decir `veo en tí la calidad de un niño, porque veo que eres muy honesto y transparente.'" [2]

Compartir historias y afirmaciones crean el ambiente en el cual es posible nombrar y reconocer la necesidad personal. La discusión puede comenzar con "otras personas". "¿Cómo es la experiencia del pecado en la actualidad?" Una posibilidad es traer una pila de periódicos y cada persona busca ejemplos de nuestra "caída". El líder del grupo puede preguntar "¿Cómo enfrenta la gente su situación de perdidos?"

A medida que pasa el tiempo, cambie las preguntas de lo general a lo específico. "De esta lista de problemas, ¿cuál se asemeja más a tu propia experiencia?" Aquí es necesario que los cristianos sean vulnerables (sin embargo, sin ser trivial). Aquí, también, se puede compartir cómo Cristo ha sanado nuestro dolor (de nuevo, sin lo trillado, o agresividad).

Tal vez el estudio de un caso típico pueda ser de ayuda al grupo. [3] O puede ser posible dramatizar un problema común. Lo importante es esto: ayudar a cada miembro del grupo a reconocer la manera en que él o ella experimenta el pecado. *Los cristianos se incluyen también en este proceso.* La diferencia entre el no cristiano y el cristiano *no* es que uno peca y el otro no. La diferencia está en que el uno ha encontrado el poder sanador de Cristo y el otro no. Nunca vamos a vencer al pecado en esta vida.

Compromiso con Cristo

La cuestión decisiva en toda presentación del evangelio es saber cómo un hombre o una mujer entran en relación con Jesucristo, una vez que han tomado conciencia de su necesidad personal. ¿Qué es lo que hace de una persona, un cristiano?

En el evangelio de Marcos encontramos la respuesta a esta pregunta, expresada en términos enfáticos y claros.

Después que pusieron a Juan en la cárcel, Jesús fue a Galilea a proclamar las buenas noticias de Dios: "Ha llegado la hora" les dijo. "El reino de Dios está cerca. Arrepiéntanse y crean en las buenas noticias..."

Un día que Jesús caminaba por la orilla del mar de Galilea, vio a Simón y a su hermano Andrés tirando las redes al mar, porque eran pescadores. "Vengan, síganme" les dijo Jesús, "y los haré pescadores de hombres." Dejaron sus redes de inmediato y lo siguieron.

Después de andar un rato vio en un barco a Santiago, hijo de Zebedeo, y a su hermano, preparando las redes. Los llamó enseguida, y ellos, dejando a su padre Zebedeo con los jornaleros, lo siguieron (Marcos 1:14:20).

Notamos que Marcos comienza por decir en términos generales, cuál era el mensaje de Jesús. Luego describe el impacto específico de su predicación sobre las vidas de cuatro hombres. Observemos los tres elementos claves que implica venir a Cristo: arrepentirse, creer en el evangelio, y seguir a Jesús.

Arrepentimiento: Una vez liberada de sus connotaciones negativas vinculadas a decisiones en masa, penitentes llorosos, emociones y manipulación, la palabra significa sencillamente "un cambio de mentalidad". Específicamente, la usamos con referencia a nuestro caminar con Dios. En el pasaje de Marcos 1, Jesucristo vincula el arrepentimiento con el reino de Dios. Lo que nos está diciendo es: "Cambien su modo de pensar acerca de Dios". ¿Por qué necesitamos cambiar nuestro modo de pensar acerca de Dios y su reino? Simplemente porque —como dice Burton Harding—, "hemos repudiado al Dios vivo y verdadero, y hemos entrado en el negocio de ser dioses-para-nosotros mismos. Ahora tomamos decisiones en el manejo de nuestras vidas, elegimos lo que queremos, y definimos por nuestra propia cuenta lo que es bueno y lo que es malo... Esto es básicamente lo que la Biblia llama pecado. Es rehusar a Dios el derecho de ser Dios en nuestra vida. Lo que generalmente llamamos `pecados' (robar, mentir, etc.) son simplemente los síntomas de que hemos echado a Dios de nuestra vida." [4]

Arrepentirse significa cambiar de idea, decidir no vivir más sin Dios, dejar que Dios sea el centro de nuestro ser. Todos sabemos que algo anda mal en nosotros. Puede que no sepamos definir qué es lo que anda mal. Quizás estemos totalmente inconscientes de que nuestro problema básico es nuestro ser espiritualmente muerto. Sin embargo, todavía podemos *experimentar* el hecho de que nos falta algo. "La separación de Dios asume formas diferentes según las personas. La enfermedad es la misma, los síntomas varían. A veces hay un sentimiento de culpa, o falta de significado en la vida, o un vacío interior; otras veces uno siente la falta de control de sí mismo, o de pensamientos impuros." [5] En el meollo de nuestro ser hay algo radicalmente desviado, *y lo sabemos*. El arrepentimiento representa el primer paso en cuanto a tratar este mal. Implica la *comprensión* con relación a lo que es este mal, a saber, la falta de la presencia de Dios; el *pesar* por lo que nuestro egoísmo ha traído como resultado; y la *resolución* de volvernos, por la gracia de Dios, en aquello que estábamos destinados a ser.

El arrepentimiento, sin embargo, es sólo el primer paso. Por sí mismo no tiene poder ni para conferir perdón por el pasado, ni garantizar una vida mejor en el futuro. Si nos detenemos aquí no habremos hecho mucho más que tomar nuevamente una buena resolución. Es por esta razón que nuestro Señor agrega al mandato de arrepentirse, el encargo de creer en el evangelio. El arrepentimiento representa una disposición al cambio. El evangelio nos da el poder de hacerlo.

Creer al evangelio. Se nos dice que "creamos en el evangelio". Pero qué es este "*evangelio*"? (literalmente "buenas noticias") que se nos pide creer? Pablo lo resume de manera suscinta:

> *Además os declaro, hermanos, el evangelio que os he predicado, el cual también recibisteis, en el cual también perseveráis; por lo cual asimismo, si retenéis la palabra que os he predicado, sois salvos, si no creísteis en vano. Porque primeramente os he enseñado lo que también recibí: Que Cristo murió por nuestros pecados, conforme a las Escrituras; y que fue sepultado, y que resucitó al tercer día, conforme a las Escrituras; y que apareció a Cefas, y después a los doce. Después apareció a más de quinientos hermanos a la vez, de los cuales muchos viven aún, y otros ya duermen.* (1 Corintios 15:1-6)

El evangelio que se nos pide creer consiste de ciertos hechos acerca de la vida de Jesús: que murió, fue enterrado, y luego resucitó de entre los muertos. Para llegar a ser cristianos tenemos que aceptar que estas cosas han sucedido así. Al aceptar estos hechos también estamos aceptando la afirmación de Jesús, que él era el Hijo de Dios, ya que es por su muerte y resurrección que sabemos que esto es verdad.

Pero hay algo más en esta afirmación del evangelio, que una simple enunciación de hechos históricos. Hay tres palabras claves para interpretarlo: son las palabras "*por nuestros pecados*". En el acto del arrepentimiento nos vemos enfrentados con nuestro propio yo, ese ser que vive en pecado por estar apartado de Dios. También nos percatamos de que solos no podemos hacer nada para alterar nuestra naturaleza inclinada al pecado, ni cambiar nuestra relación con Dios. "No podemos enderezarnos ni curarnos por nosotros mismos, ni crear un ser íntegro puesto que no tenemos sobre qué trabajar excepto sobre nuestro ser enfermo y desintegrado. Y como todos los que nos rodean comparten esta incapacidad inherente, ningún ser humano puede hacer por nosotros lo que nosotros mismos somos incapaces de hacer. El médico no puede curarse a sí mismo." [6] Para poder curarnos necesitamos ayuda de afuera. Necesitamos la ayuda de Dios. Y esto es precisamente lo que se nos pide creer: que Cristo murió por nuestros pecados, y que al hacerlo se hizo cargo de nuestra naturaleza pecadora.

Pero ¿qué hay que hacer para creer? ¿Qué implica el acto de creer? Por cierto que incluye el concepto de aceptación intelectual. Nadie es capaz de creer conscientemente en una mentira. Pero cuando en el Nuevo Testamento se usa la palabra *creer*, involucra más que el simple asentimiento a un conjunto de proposiciones. Si "creemos" en el sentido bíblico, actuamos. La verdadera creencia, o fe en ciertas afirmaciones, debe resultar en acción.

> *La creencia formal, o la convicción intelectual, se convierte en creencia real, o fe, en el momento en que actuamos basándonos en ella. Cuando después de haber analizado las evidencias a favor o en contra de que la proposición tal o cual es verdadera y llegamos a una conclusión definitiva, habremos alcanzado una creencia formal. Pero si nuestra conclusión influye sobre nuestra reflexión y nuestra conducta posterior, habremos llegado a la fe. No sólo creemos algo: confiamos en ese algo. Confiamos tanto como para permitir que determine la manera en que vivimos. La creencia real se demuestra de una manera pequeña pero significativa, cada vez que caminamos sobre un piso sin pensar en lo que hacemos. Nos comportaríamos de manera muy distinta si creyéramos que lo que aparece como una superficie sólida consistiera, en realidad, en papel pintado extendido sobre un abismo. El*

cristiano, por tener una creencia real en Dios, actúa en forma diferente de la persona que cree que en realidad los conceptos de Dios son convenientes, pero no pasan de ser proyecciones infantiles de los estados emocionales comunes a la mayoría de los hombres. [7]

Esto nos lleva directamente al tercer y último aspecto de la manera en que llegamos a ser cristianos. Es decir, una vez que (1) hemos comprendido nuestro verdadero estado de alienación con relación a Dios y hemos decidido dar fin a nuestra rebelión (arrepentimiento); luego de (2) haber llegado a creer que esto es posible (fe), porque Cristo murió por nuestros pecados, se nos invita a "seguir a Cristo". Ese paso es la consecuencia inevitable de una creencia auténtica. Sólo si *creemos* en él, seguiremos a Cristo. En el caso de los cuatro pescadores, siguieron literalmente a Jesús después de haber dejado su trabajo, su familia, y sus hogares.

Seguir a Cristo. Nadie sigue automáticamente a Cristo. Cada persona debe decidir por sí mismo. De allí que seguir a Cristo tenga un momento inicial, llamado conversión. Es el punto en que la persona da las espaldas al pecado y elige a Cristo. En términos teológicos, el arrepentimiento más la fe, equivalen a conversión.

Se hace evidente (no importa cuánto nos desagrade el hecho) de que cada individuo, o bien está siguiendo a Cristo, o no lo está haciendo. No hay un terreno neutral. Este es, naturalmente, uno de los imperativos para predicar el evangelio. Miramos a nuestro alrededor y vemos las vidas insatisfechas que llevan las personas, y nos sentimos constreñidos a decirles: "No hay razón para que sigas destruyéndote. Comienza a seguir a Cristo. Déjale empezar a crearte de nuevo."

Debemos estar conscientes, sin embargo, de no definir demasiado estrictamente cuándo ocurre, o de qué manera se muestra el momento inicial de la conversión. En cualquier estudio sobre experiencias de conversión, lo que más salta a la vista es la inmensa variedad de respuestas a Cristo. Para algunos, la experiencia es virtualmente instantánea. Para otros, el punto decisivo se extiende a lo largo de años. Y quedan otros para quienes nunca existió una toma de consciencia del momento del cambio, sino que sólo son conscientes de que están siguiendo a Cristo.

Pero el comienzo de la historia no es toda la historia. Observa cuidadosamente el llamado que el Señor les hace a Simón y a Andrés: "*Síganme y yo los haré pescadores de hombres.*" Los está invitando a convertirse en algo. Los quiere transformar en algo. Seguir a Cristo no implica sólo comenzar, sino continuar.

La razón para esto es muy clara. Cuando venimos a Cristo no se nos transforma automática e instantáneamente en pequeños santos, llenos de sabiduría y rectitud, perfectos en todo. La parte de nuestra naturaleza que es pecadora, no queda erradicada. Es destronada, sacada del centro de nuestra vida, y nuestra naturaleza espiritual recién surgida a la existencia, se convierte en el punto focal de nuestra personalidad. Pero la presencia permanente de nuestra vieja naturaleza, significa que habrá lucha. Ser cristiano marca el comienzo del conflicto entre nuestra vieja y nuestra nueva naturaleza, conflicto que sólo se termina cuando nos encontramos con Cristo cara a cara después de la muerte. Y sólo en tanto continuamos siguiendo a Cristo, y le permitimos que nos rehaga gradual y pacientemente, podremos ganar la batalla contra el pecado. De la misma manera en que venimos a Cristo, marchamos detrás de él: por medio del arrepentimiento y de la fe. Crecemos en la comprensión y en la confianza en Jesús (fe), y continuamos cambiando nuestra manera de pensar acerca de nosotros mismos a medida que nos vemos con más claridad, y permitimos que cambie nuestra conducta (arrepentimiento). La vida cristiana es una vida de continuo arrepentimiento y fe. [8]

Puede advertir que estamos llamados a seguir a una persona, no a ciertos principios. "Sigue a *Cristo*", se nos dice. Francamente, uno de los problemas de la iglesia de hoy es que no comprende este punto. A menudo el compromiso cristiano es concebido como la confianza en un credo, o lealtad a una institución, o fidelidad a cierta forma de devoción. Si bien estas cosas están involucradas en la acción de seguir a Cristo, no son realmente seguirlo. Ser cristiano significa estar comprometido, en el nivel más profundo de nuestra existencia, con la persona de Cristo, el Salvador que resucitó y aún vive. Hacer del cristianismo algo menos que eso es negar su esencia.

Esto —digámoslo de paso—, explica por qué la conversión puede darse de tantas formas en personas diferentes. Venimos, por medio de la conversión, ante una persona que *nos encuentra allí donde estamos.* No nos pide que nos convirtamos en algo, antes de poder ser cristianos. No tenemos que "darnos una lavada", por así decirlo. Se nos pide, simplemente, abrirnos, cualquiera sea el estado en que nos hallemos, al Cristo viviente que está afuera de nuestra vida, pidiendo entrar.

Esto explica, además, por qué es que comenzamos a crecer y cambiar cuando venimos a Jesús. Hemos entrado en una *relación* con una persona, y como con toda relación, vamos cambiando en respuesta a las modalidades que la otra persona adopta frente a nosotros. Si como cristianos estuviéramos comprometidos con un credo, nuestro crecimiento terminaría en el momento en que hayamos podido comprender y creer ese credo.

Paul Little ha resumido el compromiso con Cristo, trazando un paralelo con el matrimonio (una comparación justificada por Efesios 5:21-33).

El mero asentimiento a ciertos hechos no hace de una persona un cristiano, como tampoco el mero asentimiento intelectual no hace que una persona esté casada. Mucha de la insatisfacción que algunos sienten hacia el cristianismo se expresa como aquella persona que decía: "Creo en el matrimonio, soy un convencido de que el matrimonio sirve, he leído una docena de libros sobre el matrimonio, y en los últimos tres meses he ido por lo menos a una docena de casamientos. Pero por alguna razón el matrimonio no significa nada para mí." La razón es muy simple: no se había casado. El matrimonio no es una filosofía... como tampoco lo es el cristianismo... más bien es una relación dinámica con una persona, el Señor Jesucristo. Casarse significa renunciar a la independencia autónoma; del mismo modo sucede cuando recibimos a Cristo. La esencia del pecado es vivir en independencia de Dios, seguir nuestro camino en lugar de seguir el camino de Dios. La esencia del arrepentimiento es el repudio del principio de ser uno mismo el centro en lugar de permitir que Cristo y su voluntad sean el centro de la vida. Cuando nos casamos pensamos todo el tiempo en la otra persona cuando tomamos decisiones. Cuando recibimos a Cristo, entramos en una relación de consulta con él acerca de todas las áreas de nuestra vida. [9]

Una acto de compromiso de esta naturaleza puede darse en cualquier momento y en cualquier lugar. C.S.Lewis estaba viajando en ómnibus cuando por primera vez se abrió a Dios. Otros lo han hecho sentados en un banco de la iglesia, o parados como curiosos de alguna reunión evangelística. John Stott, que fue uno de los capellanes de la reina de Inglaterra, se arrodilló al lado de su cama una noche, en el dormitorio del colegio al que asistía, y le dijo a Cristo que creía que había hecho un desastre de su vida hasta ese momento; confesó su pecado, le agradeció a Dios por haber muerto por él, y le pidió que entrara en su vida. Al día siguiente escribió en su diario: "Ayer sí que fue un día importante... Hasta ahora Cristo había estado en la periferia y yo sólo le pedía que me guiara, en lugar de dejarle tener el control total. He aquí que él está a la puerta y llama: lo he escuchado y ahora él ha entrado en mi vida. La ha limpiado y allí gobierna desde ahora." [10]

En el capítulo 8 analizaremos lo que es el compromiso en el contexto de un grupo pequeño. Permítanme terminar ahora con una oración que podría ser expresada por una persona que ha llegado al punto de comprometerse.

> Señor Jesús, me doy cuenta de que hasta ahora he estado viviendo mi vida independientemente de ti, motivado tan sólo por lo que yo quería hacer. He pecado en pensamiento, en palabra, y en hechos, y me pesa. Ahora me vuelvo de esta vida centrada en mí mismo de la mejor manera que sé, y prometo llevar una vida nueva por medio de tu gracia, contigo como Señor. Creo que esto es posible porque tú moriste en la cruz por mis pecados. Gracias por lo que has hecho. Y ahora vengo a ti, y me comprometo a seguirte. Haz conmigo lo que tú desees. Soy tuyo, Señor Jesús, desde este día en adelante. Amén.

específicamente, que Cristo murió por el pecado y que el comprometerse con Cristo significa seguirlo de maneras concretas. Termine por escribir una oración de compromiso con su amigo.

Cuando haya escrito estos dos diálogos (quién es Jesús, y cómo se encuentra una persona con él), trate de repasarlos en la mente. Imagine que le hacen otras preguntas y de qué manera las contesta. Pruebe diferentes formas de expresar lo que es el evangelio. Estos diálogos interiores son muy valiosos para sentirse cómodo al hablar de Jesús. Le ayudarán a pensar estas cuestiones sin que tenga que invertir una gran cantidad de tiempo.

Interacción

Un diálogo sobre lo que significa "comprometerse"

La semana pasada escribió un diálogo en el que Ud. y un amigo analizaban quién era Jesús. Esta semana extienda el diálogo hasta cubrir el *compromiso* con Jesús. Imagine que su amigo le dice: "Creo de veras en Jesús. ¿Qué debo hacer para seguirlo?" Trate de contestarle a su amigo basándose en Marcos 1:14-20 y en el material de este capítulo.

Comience por descubrir de qué manera su amigo experimenta el pecado. Ayúdelo a comprender 1) lo que significa el arrepentimiento, y 2) lo que es el evangelio:

8

Planificando para el futuro:

La estrategia del grupo pequeño de evangelización

Quizás sea mediante reuniones hogareños en grupos pequeños que alcanzaremos a América pagana. Dios sabe que ya no vienen más a la iglesia. No se los ve en nuestras campañas, y por cierto que no miran los programas de los evangelistas de la televisión. Pero, si los invitamos, vendrán a nuestros hogares. ¿No es acaso esa una de las maneras en que la iglesia primitiva conquistó a la Roma pagana?

Terminó el entrenamiento. Usted ya está listo para comenzar el esfuerzo de alcanzar a otros. Todo el propósito de esta experiencia de grupo pequeño durante las últimas semanas, está a punto de completarse. Ha llegado el momento de ponerse a trabajar. En este capítulo final quisiera analizar el proceso para planificar una "multisemana", es decir, un programa de extensión del grupo pequeño.

Subdividirse

La idea básica es muy sencilla. Su grupo de entrenamiento se va a dividir en dos o tres subgrupos, cada uno de los cuales hará su propio plan, y llevará a cabo su propio programa de extensión. La razón para subdividirse es que la mayoría de los grupos serán demasiado grandes como para agregar personas nuevas. Es posible que ya haya experimentado este problema en el Encuentro de evangelización. Si usted tenía un grupo con diez personas recibiendo entrenamiento, y cada una de ellas trajo un amigo, de pronto

se vio con veinte. Esto está bien para una ocasión especial, pero no para una serie de varias semanas, ya que es imposible hacer de veinte personas un auténtico grupo pequeño. Por definición, un grupo pequeño no debe ser menor de cinco personas, y no mayor de trece. Con menos de cinco personas se cae en una conversación informal y no en una interacción de grupo pequeño. Con más de trece se obtiene una interacción de grupo numeroso que requiere un líder y resulta menos participativa.

De modo que su grupo de entrenamiento probablemente deba subdividirse. Esto no será fácil. Un grupo pequeño en Johannesburgo enfrentó precisamente este problema. Se habían reunido con ciertas vacilaciones; el pastor los había asignado a cada uno a un grupo, a manera de contribuir con su iglesia en una campaña de predicación que abarcaría toda la ciudad. Todos se presentaron, tal como se esperaba de ellos, pero tenían muy pocas expectativas. Sobrevivieron la primera semana. La segunda les resultó más tolerable. Pero al llegar a la sesión final de su entrenamiento, se habían hecho tan amigos que no soportaban tener que dividir el grupo original. Sin embargo, por ser fieles al propósito original se dividieron en dos grupos y planificaron dos Series de encuentros de evangelización, cada uno de los cuales buscaba alcanzar una audiencia diferente. Sin embargo, se pusieron de acuerdo para continuar reuniéndose periódicamente para orar y mantener comunión entre ellos. Quedé asombrado al escuchar esto. Aquí estaban estas personas normalmente muy ocupadas, destinando *dos* días de la semana a actividades con grupos pequeños: una para extenderse, la otra para mantener la comunión entre ellos.

No estoy sugiriendo que cada grupo lo haga. Traigo a colación el hecho, simplemente, para señalar que podría ser bastante difícil tener que dividirse en subgrupos de extensión. Pero hay que resistirse a la tentación de abandonar la idea de extensión, por mantener la comunión y la camaradería, ya que a menudo los grupos que se centran en sí mismos, languidecen y mueren. Los grupos pequeños que sobreviven, generalmente, mantienen un ritmo doble: hacia adentro y hacia afuera. Estos grupos de larga vida comenzaron su existencia dedicando mucho tiempo a la consolidación del grupo, y al estudio. Luego, con el fin de expresar lo que han aprendido , o de qué manera crecieron, el grupo decide un proyecto: puede ser el de reunir fondos necesarios para una iglesia en el campo misionero, o reparar y pintar el hall de la iglesia, para llevar a cabo una serie de reuniones para el grupo de secundarios, o hacer una tarea evangelística en grupos pequeños. Luego vuelven a reunirse para otro período de dinámica de grupo, estudio y meditación. Este patrón de "intimidad y apertura" otorga salud y vitalidad al grupo.

La manera en que se subdividan depende de cuántos sean en el grupo, y a quién se está

tratando de llegar. Normalmente, un grupo de doce personas se dividiría en dos. Cada grupo de seis trataría de reclutar seis personas amigas que no sean cristianas, para integrar el grupo nuevo. Se puede formar en subgrupos, según los intereses similares de cada integrante que se quiere alcanzar. Podrían decidir, por ejemplo, que uno de los grupos de extensión se reunirá a la mañana, y el otro por la noche. Cuatro amas de casa del vecindario podrían coordinar el grupo de la mañana. El otro subgrupo podría hacerse cargo del de la noche. En síntesis, decidan a quiénes pueden alcanzar en términos concretos, y luego dividan el grupo para que se lleve a cabo.

Reclutando nuevos miembros

Los candidatos obvios para invitar a la Serie de evangelización son las personas que asistieron al Encuentro de evangelización. Ya saben a qué atenerse. Han conocido a algunas de las personas del grupo; es posible que tengan preguntas que deseen formular. Probablemente, también conozcan a otras personas a las que se podría invitar. Puede ser que, por medio de ellos, usted haga contacto con personas a quienes no habría podido alcanzar. De modo que para iniciar la actividad, haga una llamada telefónica a las personas que vinieron al Encuentro de evangelización. Digámoslo una vez más: sea honesto en su forma de invitarlos. Dígales cuál es el proyecto. El grupo deberá reunirse durante seis semanas. La primera semana será exploratoria. Si después de esta reunión inicial la persona siente que este grupo no es para ella, no tiene la obligación de seguir asistiendo. (En algunos casos, podría convenir invitar a algún amigo para una primera reunión y luego ver qué pasa. Si se detecta suficiente interés en esta reunión, usted puede programar en ese momento el número de reuniones que convenga hacer. Dígales a sus amigos que la meta general del grupo es analizar la naturaleza y la relevancia del cristianismo, y que el grupo va a ser mezclado: cristianos y no cristianos. El único requisito previo es el deseo de aprender más acerca de los aspectos espirituales de la vida.)

Sea dinámico y entusiasta en su invitación. Recuerde que les está ofreciendo una oportunidad singular: la posibilidad de sentarse en un ambiente cómodo con personas del mismo trasfondo cultural, para conversar con seriedad acerca de un tema significativo. Una oportunidad así no se desprecia livianamente, especialmente en el día de hoy, cuando la televisión casi ha reemplazado las oportunidades de conversar con otros.

Aprendí hasta qué punto la gente tiene hambre de conversar con otros, cuando mi esposa y yo decidimos invitar a algunos amigos a compartir postre y café una noche. Le pedimos a cada persona que trajera sus dos poemas favoritos. Invitamos a más personas de las que podían sentarse cómodamente, porque estábamos seguros de que mucha gente estaría "demasiado ocupada". Después de todo... ¿una velada de poesía? Pero para sorpresa nuestra, cada una de las personas que invitamos, llegó. Y vinieron con interés. Les entusiasmaba la idea de leer poesías juntos, y hablar de ellas. Esa noche fue todo un éxito: ¡Nos costó hacer que la gente se fuera! Terminamos a eso de las 23:30, y a las doce todavía estábamos charlando en la galería. El último invitado se fue a las 12:30. Luego, nos enteramos que una de las parejas se había quedado charlando hasta el amanecer.

La gente está ansiosa de conversar acerca de temas serios, en una atmósfera de mutuo respeto y confianza. Nuestro tema fue la poesía, pero bien podría haber sido un estudio bíblico sobre Marcos capítulo 1. Algunos años después, comenzamos una reunión bíblica semanal con igual éxito. Semana tras semana, la gente llegó allí porque era su única oportunidad de investigar cuestiones decisivas para la vida. No se sienta inferior. No olvide que Ud. está ofreciendo una oportunidad significativa a sus amigos.

¿Cuántas personas debería usted invitar? Es difícil decir. La experiencia demuestra que un 70 u 80 por ciento de las personas aceptan venir. Recuerde que usted no desea tener más de 13 personas. No menos del 30 y no más del 50 por ciento de las personas del grupo deben ser cristianas.

A veces un grupo de cristianos, simplemente, no conoce el número suficiente de personas a quiénes invitar. Es posible que usted tenga que golpear las puertas del vecindario, o de la residencia estudiantil, e invitar extraños al grupo. No es una mala idea, porque así usted conocerá personas que tal vez jamás tengan la oportunidad de entrar en contacto con el cristianismo.

Si su grupo decide salir a hacer visitas, les sugiero lo siguiente:

1. Establezca una hora apropiada para visitar. Si su meta es empezar un grupo de media mañana para amas de casa, por ejemplo, haga las visitas por la mañana. Asegúrese que se trata de un horario en que la gente estará en casa y no tenga apuro de hacer otras cosas.

2. Reúnanse primero como grupo para orar y discutir a dónde van a ir. No se tomen demasiado tiempo en esta tarea, no vaya a ser que luego no les quede tiempo para visitar.

3. Salgan en parejas para visitar la zona elegida. En cada casa a) preséntese con claridad, y diga para qué ha venido; b) converse de cualquier cosa unos minutos; c) deje una invitación escrita o impresa, con todos los detalles; d) si la persona muestra interés de ir, ofrézcale medios de transporte, alguien que se quede con los niños, o cualquier otro tipo de ayuda.

Especialmente cuando uno visita extraños, es necesario ser muy franco. Si usted es ambiguo, es posible que no comprendan claramente el motivo de la reunión y luego sientan que se los engañó. Hace algunos años un grupo muy activo de una universidad programó una comida especial para deportistas. Mandaron invitaciones a todos los atletas de la universidad, prepararon una excelente comida, e invitaron para hablar, a atletas reconocidos nacionalmente. No tuvieron la precaución de advertir que la comida estaba patrocinada por un grupo cristiano de la universidad, que los atletas reconocidos eran cristianos y hablarían acerca de su fe y no de deportes. Asistió un gran número de deportistas. Pero cuando descubrieron que estaban asistiendo a una actividad evangelística, se sintieron estafados. Después del evento elevaron protestas a las autoridades universitarias, quienes a su vez prohibieron a este grupo cristiano que llevara a cabo otras actividades en la universidad. Lejos de ser de ayuda a la causa del evangelio en la universidad, el ministerio de este grupo resultó perjudicado.

Cómo se planifica la reunión

Ahora que un grupo está por venir a su casa ¿qué piensa hacer? Una cosa es preparar un Encuentro de evangelización, pero ... ¿Cómo se prepara una Serie de encuentros de evangelización?

El tema: Lo primero que hay que tomar en cuenta es el tema, es decir, el de toda la serie, y el de cada reunión individual. El principio que se aplicó al elegir un tema para el Encuentro de evangelización, se aplica también a la serie: *Elija un tema que habrá de interesarle a su audiencia.*

Si usted es un estudiante universitario ¿cuáles son los temas más candentes en los pasillos? ¿La destrucción nuclear? ¿Cómo conseguir trabajo en una economía cerrada? ¿La sexualidad? Cada uno de estos temas podría ser analizado desde una perspectiva cristiana, y en el curso de esa conversación, el evangelio va a resultar suficientemente claro. Si usted trata un tema tan conflictivo como la sexualidad, o la carrera armamentista, sin embargo, ¡asegúrese de saber de qué está hablando! Usted tendrá que haberse informado, y deberá ofrecer opciones maduras. Es posible que tenga que invitar a alguien con experiencia para dirigir el grupo.

En vez de elegir una preocupación actual, quizás pueda presentarles una cuestión nueva, algo que sus amigos no hayan considerado hasta ese momento, pero en lo cual podrían estar interesados. Por ejemplo: ¿Qué pasaría si Jesús fuera realmente Dios hecho hombre? ¿Hay evidencias de que fue así? ¿Haría alguna diferencia? Estas son buenas preguntas; un buen número de personas querrían opinar sobre ellas. Y naturalmente, es un tema adecuado e ideal para un grupo evangelizador.

Quizás el tema surja de un libro que se elije para estudiar, o de una película. El libro de C.S. Lewis, "El problema del dolor", por ejemplo, analiza un tema de interés para muchas personas. El libro en sí proporciona material para una discusión de grupo.

Mucha gente está interesada en estudiar la Biblia, aunque más no sea porque se la considera parte de la "gran literatura universal", o porque ha tenido gran influencia en la cultura de occidente. De modo que un estudio bíblico con una meta evangelizadora, es una opción para considerar seriamente. Si se estudia uno de los evangelios, la gente no sólo comenzará a familiarizarse con la Biblia, sino que comenzará a descubrir a Jesucristo.

El calendario religioso también ofrece muchos temas buenos. Durante las semanas anteriores a la Navidad, podría hacer una serie de cuatro semanas sobre el tema de la encarnación. En la época de la Cuaresma podría hacer una serie sobre la muerte y resurrección. Ambas experiencias de grupo podrían culminar asistiendo juntos a las festividades o servicios religiosos de Navidad y de Pascua de la iglesia local.

Programar una reunión motivadora: encontrar el tema es una cosa; poder dialogar de él en un estilo interesante y significativo, es otra. ¿Cómo se programa una buena reunión de grupo pequeño?

En primer lugar, decida de qué manera piensa presentar el contenido. (Ya he analizado la estructura del mensaje en el capítulo 8). Elija una presentación que pueda interesarle a su audiencia. Asegúrese sin embargo que la película (o el libro, o el cassette) está bien hecho y dice el tipo de cosas que usted cree que habrán de provocar un buen diálogo.

En segundo lugar, diseñe su reunión alrededor de este foco. Normalmente, una sesión tiene tres partes principales: (1) una introducción que generará interés en el tema y preparará el grupo para recibir los contenidos que se desean presentar, (2) una presentación central y (3) interacción a partir del material presentado. Conceda a cada parte el tiempo necesario. Si la reunión es de una hora, por ejemplo, usted podrá destinar unos 20 minutos de discusión grupal general, en donde cada persona pueda compartir alguna experiencia relacionada con el tema, otros 20 minutos para escuchar el cassette, y luego, 20 minutos para discutirlo o analizarlo.

Si usted considera a estas reuniones semanales como unidades autónomas pero interconectadas entre sí, cada una de las cuales tiene su propio objetivo, estructura, y contenido, encontrará que el nivel de interés del grupo se sostiene a lo largo de los encuentros.

La introducción sirve para despertar el interés en el tema. Su objetivo es dar al grupo un motivo para sentirse involucrado en la discusión. Usted puede lograrlo: a) personalizando la cuestión (mostrando de qué manera el tema se relaciona con las necesidades que sienten, o cómo tiene que ver con su propia experiencia); b) enfocando el tema mismo ("La razón por la cual disfrutarán de esta reunión tiene que ver con..."); c)

mostrando como el tema es de beneficio ("Una vez que comprendan esto, muchas otras cosas se volverán claras.").

La presentación central debe dedicarse al contenido mismo. Su objetivo aquí será provocar una recepción atenta, sea que se trate de escuchar (un cassette), mirar (una película) o analizar (el tema). No estaría mal dar un bosquejo de la presentación, para que el grupo pueda seguirlo con mayor facilidad, o dejar abiertos varios interrogantes para tener en mente durante la presentación, o darles algunas claves importantes que necesitan tener en cuenta.

El propósito del diálogo posterior es ayudar a las personas a aplicar lo que ha sido presentado. Esto puede tomar diferentes formas, incluyendo una discusión, o un "rol play" (esta es la mejor manera de hacer que una persona se identifique con una cuestión), o simplemente hacer que compartan el tema (ayudar a las personas a relacionarlo con aspectos de su vida personal).

Hasta que tenga experiencia en planificar los encuentros del grupo pequeño, puede ser más fácil utilizar materiales ya preparados. Hay, por lo menos, tres fuentes de materiales preparados para grupos pequeños. Las guías de estudio "Encuentros bíblicos", inicialmente publicados por Ediciones Certeza (Buenos Aires), y luego Editorial Caribe (Miami), ofrecen un buen número de estudios sobre libros de la Biblia. Normalmente necesitarán algo de adaptación para un estudio de evangelización. La Asociación Bíblica Universitaria Argentina está desarrollando una serie de guías de estudio Serie Formación. Varios de los estudios pueden servir para este propósito. Y de los Cursos para el Crecimiento Cristiano hay títulos que se adaptan para grupos de evangelización, como por ejemplo, "Respuestas honestas a preguntas honestas" sobre los evangelios.

Preparar buenas preguntas: ¡Hay discusiones estimulantes y hay discusiones muy aburridas! Y la diferencia entre ellas, muchas veces, depende de la calidad de las preguntas que hace el coordinador de la discusión. Hay diferentes *tipos* de preguntas; cada una de ellas sirve a un propósito diferente.

Las preguntas sobre hechos estimulan a una atenta observación. Todos somos observadores perezosos. Por ejemplo, no toda persona será capaz de advertir todo lo que es significativo de una película. Por lo tanto, preguntas acerca de hechos, que empiezan con *quién*, *dónde*, o *cuándo*, captan la atención de los personajes, lugares, y ocasiones en relación al material que se está analizando. Este tipo de preguntas simples facilitan una amplia participación. Sin embargo, las preguntas acerca de hechos concretos no deben ocupar más del veinte por ciento del tiempo disponible. Su propósito (aparte de hacer intervenir a la gente) es establecer las bases para analizar el significado y la aplicación del material a estudiar.

Mientras que las preguntas acerca de hechos consideran los componentes externos y observables de la situación, las *preguntas de sentido* exigen que el grupo sintetice sus observaciones y capte el significado del material. Estas preguntas son más difíciles de responder, ya que requieren la capacidad de establecer relaciones entre distintos puntos. A menudo este tipo de preguntas comienzan con *qué*, *por qué*, y *cómo*. Se usa *qué* para buscar el núcleo de los acontecimientos y la interacción de la gente en una situación dada. *Cómo*, en cambio, se utiliza para analizar la secuencia de las acciones y buscar descubrir las relaciones de causa y efecto. Por último, *por qué* es interpretativo, y obliga a las personas a buscar las razones o explicaciones de un hecho.

Las preguntas de aplicación son aquellas que desplazan la consideración despreocupada de la gente sobre la naturaleza y el significado de una película o libro. Apuntan hacia una comprensión personal acerca de la manera en que estas cuestiones afectan su propia vida. Estas preguntas llevan la discusión de lo abstracto y teórico a lo concreto y personal. ¿Qué hubo en la película o en el libro que lo conmovió? ¿...molestó? ¿...divirtió? ¿Lo ayudó a comprender su propia situación? Usted puede utilizar estas preguntas para identificar puntos de resonancia entre el material estudiado y la historia personal de los integrantes del grupo. A menudo, la clave para una aplicación beneficiosa es la habilidad del líder en compartir una experiencia u opinión personal. Esto libera a los demás para hacer lo mismo.

Además de estos tres tipos básicos de preguntas (sobre hechos, significados, y aplicación), hay otras preguntas que facilitan la discusión de un grupo pequeño. *Las preguntas rompehielo* proveen una oportunidad para que cada persona pueda expresar "así soy yo". Son preguntas que procuran que la persona hable acerca de sí misma: dónde vive, lo que hace, y cómo se conectó con el grupo. Unos cinco minutos dedicados a este aspecto biográfico puede liberar muchas tensiones iniciales. (¿Quiénes serán estos personajes? ¿Qué estarán pensando de mí?) También puede disminuir el peligro de que las necesidades subjetivas (y no expresadas) del grupo, desplacen a los objetivos establecidos. Estas preguntas "rompehielo" no deberían ser complejas o exigir demasiado. Usted puede decir, por ejemplo: "Vamos a dar la vuelta de la rueda, y cada persona tendrá que darnos su nombre y decirnos por qué está hoy con nosotros." En un grupo pequeño que tiene continuidad, naturalmente deja de ser necesario esta introducción, pero aun en este caso es conveniente comenzar con un breve comentario personal sobre algo.

La preguntas de interacción ayudan a las personas del grupo a hablar entre ellas. Por ejemplo: "Enrique ¿estás de acuerdo con Susana?" o bien, "Juan, todavía no te hemos escuchado... ¿qué piensas tú de esto?" *Las preguntas generalizadoras*, ayudan al grupo a pasar de una discusión específicamente centrada en un punto particular, a la consideración de sus implicaciones más amplias. Las *preguntas personalizadoras* hacen lo contrario: desplazan una discusión general hacia esferas mas personales. Por ejemplo: "¿Cómo podemos nosotros, siendo miembros de este grupo, ayudar a esas personas en estas situaciones?" Las *preguntas esclarecedoras* intentan introducir otra información que ayude a iluminar la cuestión, Por ejemplo "¿Alguien conoce más acerca de este punto, que nos ayude a decidir si se trata de una solución razonable?" Las *preguntas críticas* estimulan a considerar ambos lados de una cuestión, evaluando los pro y los contra de una acción o elección que se está analizando. Por ejemplo "¿Quién está dispuesto a defender la actitud de X?"

Cómo planificar la primera sesión: La primera reunión de la Serie de encuentros de evangelización es, a menudo, la más crucial; en ese momento la gente está pensando si decidirán quedarse o no en el grupo. En esta reunión inicial hay que tener dos objetivos en mente: brindar a la gente una oportunidad de conocerse unos a otros, y generar interés en el tema mismo.

Usted puede crear un sentido de identidad grupal haciendo algunas preguntas "rompehielo". Trate de que estas preguntas encajen bien con el tema de la reunión. Si usted está analizando el tema de la "soledad", por ejemplo, su pregunta final podría ser "¿Recuerda usted haberse sentido solo de niño?" Esto permite a todos hablar de sí mismos, y encauza al grupo en la dirección del tema a desarrollarse.

Aquí también puede venir bien un poco de comida. Asegúrese de proporcionar el lugar y el tiempo adecuados para comer algo juntos. Compartir una comida, o simplemente una taza de café, hace que la gente se acerque entre sí.

Los cristianos del grupo deberían asumir como responsabildiad prioritaria de esa noche, llegar a conocer a todas las personas nuevas y hacerlas sentir bienvenidas y cómodas. Extienda hacia las personas nuevas el mismo amor y preocupación que experimentó en las sesiones de entrenamiento. En efecto, éste es el secreto de la dinámica de grupo. Cuando las personas entran en una atmósfera en la que predomina un genuino sentimiento de camaradería, aunque no sepan muy bien qué es lo que está pasando, no se lo querrán perder.

Si usted ha elegido el tema basado cuidadosamente en las necesidades e intereses del grupo que ha invitado, será más fácil generar interés en el tema. Demuestre que será tratado con honestidad, y que, a partir de las discusiones de grupo, irán surgiendo nuevos puntos de vista. Asegúrese, también, que la estructura de la reunión sea atractiva: es mucho más divertido observar una película acerca de un tema, que escuchar una conferencia de 45 minutos. Un libro es menos estimulante que la presencia de su autor.

De modo que aplique su mejor puntería en la primera reunión. Sus invitados se estarán preguntando si vale la pena dedicar su tiempo a algo así. Usted debe demostrarles que no sólo será divertido sino de provecho.

Un llamado al compromiso. El quinto y último aspecto en planificar su Serie de encuentros de evangelización es el llamado a comprometerse con Cristo, ¿Cómo se hace esto en el marco de un grupo pequeño? ¿No se sentirán ofendidas o molestas las personas? No, siempre que su llamado sea genuino, no manipulativo, y se encuadre con el contenido y la ética del grupo.

Hay varias maneras para alentar a las personas a consagrar sus vidas a Cristo. Durante la reunión final usted puede expresar una oración de entrega y animar a las personas que se sienten decididas a seguir a Cristo, a que repitan la oración después de usted. Esto resultará apropiado, sobre todo si usted ha estado terminando cada reunión con una oración, y si una o dos semanas antes de este momento usted le ha dicho al grupo: "En la última sesión me voy a tomar la libertad de terminar orando lo que podría llamarse una `oración de entrega`. Quiero hacerlo porque sé que algunos de ustedes han estado pensando en las alternativas, y pueden estar decididos a entregar sus vidas a Cristo. Entre ustedes habrá otros que aun no están listos para hacerlo, pero está bien de todos modos." Este procedimiento les da a los miembros del grupo el tiempo suficiente como para pensar acerca de este paso de compromiso con bastante anticipación, sin que los tome de sorpresa en la última reunión. Quizás desee terminar esta Serie de encuentros con un breve servicio litúrgico de adoración. Puede preparar un "orden de culto" con lecturas antifonales, himnos, y una oración de entrega.

En otros grupos la entrega podrá darse en el contexto de las conversaciones personales. Esta es una de las razones por las cuales es importante que cada cristiano comprenda que está involucrado en un acto de compromiso. Quizás usted tenga el gozo de ver a un amigo entregarse a Cristo durante el rato de café después de una sesión de grupo, al día siguiente mientras comparten un almuerzo, o mientras dan un paseo juntos.

Otros grupos querrán vincular sus actividades a un esfuerzo evangelizador de más alcance. Aún mejor que hacer un llamado a la entrega dentro del marco del propio grupo pequeño, todo el grupo puede asistir a un servicio de adoración, en el cual el que dirige dé una invitación para seguir a Cristo. O el grupo puede asistir a una serie especial de reuniones evangelizadoras auspiciadas por una iglesia, o un grupo universitario. Los que son cristianos pedir a Dios en oración que los que no lo son, puedan en ese contexto, decidirse por Cristo. No es importante la forma en que se presenta el llamado. Lo importante es que se les dé a las personas la oportunidad de decidirse por Cristo.

El curso de entrenamiento ha terminado. Espero que haya sido una experiencia enriquecedora para usted y que le haya proporcionado una capacitación adecuada para empezar a compartir las buenas noticias de Jesús con sus amigos, tanto a nivel individual como grupal. A medida que empiece a poner en práctica este entrenamiento, recuerde lo que H. R. Weber dijo acerca de los primeros cristianos: "Una de las claves de la actitud misionera espontánea en la iglesia primitiva, era *la firme convicción de que eran el pueblo peculiar de Dios.*" [1] Aquí radica el secreto de la motivación: una autopercepción de nuestro llamado a ser el pueblo de Dios en este mundo; ser la sal de la tierra y la luz en esta era de oscuridad. Como lo expresa Pedro: "...Vosotros sois linaje escogido, real sacerdocio, nación santa, pueblo adquirido por Dios, para que anunciéis las virtudes de aquel que os llamó de las tinieblas a su luz admirable" (1 Pedro 2:9 R.V.).

Al mismo tiempo debemos evitar sentirnos abrumados por lo que Douglas Hyde ha llamado "el complejo de minoría".

Desde el momento en que me uní al partido comunista, y prácticamente hasta 24 años después, cuando lo abandoné, era consciente de que nuestros miembros creían firmemente que aunque eran relativamente pocos, tenían un mundo para conquistar, y lo iban a lograr. Llegué a la iglesia católica preparado a encontrar casi todo lo que efectivamente hallé: y sería hipócrita si dijera que esperaba encontrar, o encontré, que todo era bueno. Pero una de las cosas que no se me había ocurrido que podría encontrar, fue que tantas personas me dijeran que la comunidad católica en Gran Bretaña sufría de algo que describían como el "complejo de minoría". No lo esperaba porque yo venía de una organización que en ese momento contaba con unos 45.000 miembros, y acababa de entrar en otra que representaba algo así como el diez por ciento de la población británica.

Aun en los días en que nosotros, los comunistas, sólo podíamos jactarnos de tener unos 15.000 miembros, creíamos que cuando se dieran las circunstancias adecuadas, que infaliblemente sucedería, haríamos que Gran Bretaña fuera comunista, y lo sería con el apoyo de la masa trabajadora. Cualquiera haya sido el mal que padecíamos, ciertamente no era el "complejo de minoría".

Pasando directamente, por así decirlo, de un mundo al otro, me asombraba que pudiera haber personas con tanta gente a su disposición, con la verdad de su lado, andando como doblados por el peso de que eran una pobre minoría bloqueada llevando a cabo una suerte de guerra imposible contra una gran mayoría. El concepto mismo era errado. Psicológicamente era calamitoso. Y en los hechos mismos no había nada, por lo que yo podía ver, que justificara esa actitud. [2]

Huyamos del "complejo de minoría", simplemente porque es una mentira. No somos "una pobre minoría bloqueada llevando a cabo una guerra imposible." Somos el pueblo de Dios, seguidores del Cristo resucitado, el Cristo que derrotó a todos los poderes (Col 1:16; 2:15). Aunque pueda parecer que ahora reina el mal en este mundo, la verdad es que quien reina es Cristo. Y algún día en la plenitud de los tiempos, ese reinado se hará visible a todos. Como cristianos, tal como estamos ahora, se nos pide que seamos la punta de lanza que extienda el reino de Dios sobre la tierra. Aceptemos gozosamente este llamado, mientras confiamos en la realidad de la presencia y el poder de Cristo.

Descansemos en las propias palabras del Señor: "No me elegisteis vosotros a mí sino que yo os elegí a vosotros, y os he puesto para que vayáis y llevéis fruto, y vuestro fruto permanezca" (Juan 15:16).

Interacción

¿Y ahora qué?

Este ejercicio tiene dos objetivos: servir como repaso de lo anterior, y estimular la planificación del futuro. Ambos son partes esenciales de la estrategia; uno y otro son necesarios si usted quiere traducir sus convicciones en acción; son objetivos imprescindibles para que este curso tenga valor práctico.

1. ¿Cuáles son las lecciones fundamentales que usted aprendió esta semana?

2. ¿Cómo comenzó a poner en práctica las ideas?

3. ¿Qué puntos de vista y capacidades cree que le servirán para poner en práctica en el futuro?

4. ¿Qué ideas le resultan oscuras todavía?

5. ¿Qué puede hacer para adquirir más claridad?

6. ¿Que significa ahora para usted la frase "testimoniar es ser honesto"? ¿En qué aspectos es usted ahora una persona más honesta?

7. ¿Por quién ha estado orando, y qué ha ocurrido hasta ahora? ¿Sobre qué debe continuar orando?

8. ¿Ha logrado entablar más amistades con no cristianos en las últimas semanas?

9. ¿Cómo han sido sus intentos de testimonio verbal? ¿Qué ha sucedido, o no, hasta ahora?

10. ¿Qué amigos puede invitar a la Serie de encuentros?

11. ¿Qué puede hacer en forma práctica para asegurarse que vendrán?

12. ¿Cómo ha llegado a ser más *consciente* de la oportunidades para testimoniar, tanto en palabras como en hechos?

Entre cada una de las sesiones de grupo usted tendrá que hacer algunos trabajos preparativos. La sección "Tareas", al final de cada una de las secciones con ejercicios para el grupo, le mostrará lo que es necesario hacer. Su preparación personal, generalmente, incluirá *haber leído* el capítulo, *haber escrito* las respuestas a los ejercicios de interacción, y haber *actuado* en conformidad con el material estudiado.

13. ¿Podría usted conversar inteligentemente acerca de quién es Jesús y cómo llegar a conocerlo personalmente?

14. Si no es así ¿cuáles son sus planes para desarrollar esta capacidad?

15. Más importante que eso, ¿es Jesús más real ahora para usted?

Para aprender algo *acerca* de evangelismo en grupos pequeños, sólo necesita usted leer la Parte 1 del libro. Todas las ideas claves están contenidas allí. Para aprender *cómo* se hace evangelismo en grupos pequeños es necesario pertenecer a un grupo de entrenamiento. Los materiales de la Parte 2 están preparados para guiar a un grupo de entrenamiento en una experiencia de este tipo. Siguiendo paso a paso su desarrollo, podrá captar las ideas de la Parte 1 y transformarlas en un esfuerzo concreto del grupo.

2

La experiencia:

Entrenamiento para grupos pequeños

Para aprender algo *acerca* de evangelismo en grupos pequeños, sólo necesita usted leer la Parte 1 del libro. Todas las ideas claves están contenidas allí. Para aprender *cómo* se hace evangelismo en grupos pequeños es necesario pertenecer a un grupo de entrenamiento. Los materiales de la Parte 2 están preparados para guiar a un grupo de entrenamiento en una experiencia de este tipo. Siguiendo paso a paso su desarrollo, podrá captar las ideas de la Parte 1 y transformarlas en un esfuerzo concreto del grupo.

Entre cada una de las sesiones de grupo usted tendrá que hacer algunos trabajos preparativos. La sección "Tareas", al final de cada una de las secciones con ejercicios para el grupo, le mostrará lo que es necesario hacer. Su preparación personal, generalmente, incluirá *haber leído* el capítulo, *haber escrito* las respuestas a los ejercicios de interacción, y haber *actuado* en conformidad con el material estudiado.

Primera sesión
Los principios de la evangelización

A. Introducción a cargo del líder (10 m.)

Exponga las metas del grupo de entrenamiento, el cronograma, y las obligaciones de cada miembro. (Básese en la información que daremos más abajo).

1. La *meta* de este grupo de entrenamiento es aprender los conceptos y las maneras prácticas que se necesitan para llevar a cabo la evangelización en grupos pequeños; cómo desarrollar esa clase de grupo cálido y receptivo que facilita un Encuentro de evangelización.

2. El *cronograma* para el grupo: ocho sesiones de entrenamiento y un Encuentro de evangelización.

3. *Las obligaciones* de los miembros del grupo: leer un capítulo de *Evangelización en grupos pequeños* por semana y hacer los ejercicios de interacción; participar activamente en el grupo asistiendo a cada sesión, y participar de las tareas.

B. Aprendiendo a conocerse (20 m.)

Comenzando por el líder, haga que el grupo vaya dando su nombre y responda en un minuto a la pregunta 1. Luego haga una segunda vuelta, para que respondan a la pregunta 2. La tercera pregunta podrá responderse voluntariamente (no es necesario que todos lo hagan).

1. ¿Qué ocupación tiene usted o qué está estudiando? ¿Dónde vive? ¿De dónde viene? ¿Cuál es su trasfondo familiar?

2. ¿Qué es lo que le gusta hacer (por ejemplo, deportes, pasatiempos, lecturas, trabajos, viajes, etc.)

3. ¿Cuándo la palabra "Dios" (si es que sucedió) se volvió para Usted en algo más que eso? (Aunque se trata de una pregunta opcional, aproveche esta oportunidad para ser uno de los que responda. Así, el grupo conocerá algo de su verdadera identidad. También usted tendrá la oportunidad de expresar en palabras, su experiencia con Dios.)

C. Los tres principios de la evangelización (30 m.)

Sobre la base de las preguntas de la sección "Interacción" del capítulo 1, discutan sus respuestas a las siguientes preguntas.

1. ¿Cuál es la esencia de la Gran Comisión? ¿Qué dificultad encontramos en cumplirla?

2. ¿Cuáles son los tres principios de la evangelización?

3. ¿Qué opina del concepto: "cada miembro es un ministro"? ¿Qué experiencias en ministrar ha tenido? ¿Qué experiencias en la evangelización?

4. ¿Qué opina del concepto de "dones espirituales"? ¿Qué don (dones) piensa que es el suyo?

5. ¿Qué papel juega Dios en la evangelización? ¿Qué experiencias ha tenido con la oración en relación con el ministerio?

6. Tome algunos minutos para orar por el grupo, incluyendo lo que Dios le pueda enseñar por medio de esta experiencia de capacitación, y por quienes desea alcanzar con el evangelio.

D. Mis esperanzas y temores acerca de la evangelización (30 min.)

1. ¿Qué temores siente acerca de la tarea de evangelizar?

2. ¿Qué es lo que teme que pueda frustrar sus esfuerzos como grupo?

3. ¿Cómo podemos superar estos problemas potenciales?

4. ¿Qué es lo que cree que puede ocurrir como resultado de la experiencia en un grupo pequeño?

Tareas

1. Lea el capítulo 2 y prepare los ejercicios de interacción.

2. Haga el siguiente ejercicio: La creación de un grupo de entrenamiento. Una manera de poner en práctica los principios de evangelización es reclutando a otros para que se unan al grupo. Si ya cuentan con 12 miembros, es posible que se pueda armar otro grupo para aquellos amigos que también están interesados. Cuantos más cristianos se comprometen, más alcance tiene el evangelio.

a. *Haga contacto* con amigos cristianos en su zona, e invítelos a unirse al grupo de entrenamiento. Compartan lo que ya han aprendido. Persista hasta encontrar al menos una persona dispuesta a unirse al grupo.

b. *Entregue* una copia de este libro, lo antes posible, a aquellos que están dispuestos a unirse al grupo, de modo que puedan ponerse al día. Nadie podrá unirse al grupo después de la segunda reunión, ya que es difícil desarrollar o mantener un sentimiento de cohesión grupal, si siempre está entrando gente nueva al grupo. Si hay personas interesadas en unirse al grupo después de dos semanas de haberlo iniciado, comience un nuevo grupo para ellos.

c. *Tome medidas* para acompañar a su amigo o amiga la primera vez que asista al grupo, para que no se sienta incómodo en una situación nueva.

d. *Aprenda* de su tarea de invitar a otros. Algunos le dirán que no, otros que sí. Ambas son experiencias valiosas de las cuales aprender, y le servirán de apoyo más adelante, cuando tenga que invitar a otros amigos al Encuentro de evangelización. La semana próxima usted tendrá oportunidad de analizar con el resto del grupo, su experiencia en tratar de invitar a otros.

Segunda sesión
Los problemas que surgen al testificar

A. El arte de invitar (30 m.)

La semana pasada cada persona intentó invitar al menos a un amigo cristiano a unirse al grupo de entrenamiento. Por lo tanto, en esta sesión habrá quienes invitaron a otros y quienes fueron invitados por otros. Presente a aquellos que usted invitó y comparta con los otros al menos un dato sobre cada persona. Si usted fue uno de los invitados, comparta con los demás la primera reacción que tuvo cuando lo invitaron a unirse al grupo.

Después que todos hayan sido presentados, haga que cada uno repase las preguntas que siguen a continuación, y anote lo que desee, al margen. Estas preguntas serán el punto de partida para la discusión en grupo.

Si usted invitó a otros:

1. ¿Qué grado de éxito obtuvo?

2. ¿De qué manera hizo las invitaciones?

3. ¿Qué razones dio la persona para querer integrar el grupo? ¿Cuáles para no hacerlo?

4. ¿Qué problemas tuvieron que superar las personas antes de poder unirse al grupo?

5. ¿Sintió placer en invitar a otros? Explique por qué.

6. ¿Qué aprendió acerca de sus propias motivaciones y las de otros?

Si usted fue uno de los invitados

1. ¿Qué le interesó de este grupo pequeño?

2. ¿Qué lo decidió a ir?

3. ¿Hubo algún factor que estuvo a punto de impedirle integrar el grupo?

4. ¿Qué le gustó de la forma en que su amigo lo invitó a participar?

B. Yo y mi testimonio (20 m.)

Busque al final del capítulo 2 el ejercicio de interacción titulado "Yo y mi testimonio". Esto servirá como base para la discusión.

1. Comenzando por el líder, cada uno comparta brevemente (un minuto, o menos), algún problema en particular que usted enfrenta cuando intenta testificar.

2. Comiencen a analizar de qué manera es posible vencer estos diversos problemas.

C. La comunidad que testifica (40 m.)

En Hechos 4:23-35 encontramos un pantallazo de la iglesia primitiva. Es un cuadro fascinante, que merece ser estudiado cuidadosamente, ya que en este incidente encontramos exactamente lo que se necesita para lanzarnos a la tarea de evangelizar en grupos pequeños: *el modelo de lo que es una comunidad que testifica.*

La cadena de eventos comienza cuando Pedro sana a un mendigo lisiado frente a la puerta del templo (Hechos 3:1-10). Luego, en un sermón posterior, Pedro señala que la fuente de ese poder sanador es Jesús, a quien crucificaron pero que ahora vive (3:11-26). Las autoridades religiosas se disgustan al oir esto (ya que ellos mataron a Jesús), de modo que proceden a arrestar y encarcelar a Pedro, y a su compañero Juan (4:1-17). Pedro y Juan quedan en libertad al día siguiente, pero se les ordena "que en ninguna manera hablasen ni enseñasen en el nombre de Jesús" (4:18), orden que ellos, abiertamente, deciden no acatar. En Hechos 4:23-35, los vemos regresando a donde estaba el grupo de creyentes.

Después de leer este pasaje, tómense 8 a 10 minutos para responder a las siguientes preguntas:

1. Repase nuevamente este pasaje y haga una lista de *las características del grupo.* ¿Cómo era el grupo?

2. Ahora enumere los diferentes factores que *motivaron* al grupo a dar su testimonio.

3. De las características y motivaciones de esta iglesia del primer siglo, ¿Qué podemos aprender que sea valioso para la iglesia de hoy? ¿Y para este grupo?

4. Basándose en el compromiso que se encuentra al final del ejercicio de interacción (estudio 2), prepare un pacto o compromiso entre las personas del grupo, y preséntelo a Dios en oración.

Tareas

1. Lea el capítulo 3 y prepare el material para interactuar en diálogo.

2. Si es posible, consiga y lea el artículo *La tiranía de lo urgente*, de Charles Hummel (Revista Certeza, año 12, número 45). El autor analiza el problema de encontrar tiempo, y la aparente falta del mismo.

3. Elija algún problema particular que usted considera que está impidiendo su propia tarea testimonial, y trate de trabajar en esta dificultad durante la semana. Si su problema, por ejemplo, es que usted no cree que todos sus amigos necesitan de Cristo, ponga en oración lo siguiente: (1) que Dios le de la visión de las verdaderas necesidades de las personas, (2) lea las Escrituras para ver qué tienen que decir sobre este punto, y (3) analice sus sentimientos, si lo desea, con algún amigo cristiano.

Cualquiera sea el problema, convérselo con alguien del grupo, y reflexione acerca de los pasos que se requiere para superarlo.

Tercera sesión
El arte de la conversación cristiana

A. El conversador cristiano (10 m.)

Antes de comenzar a desarrollar el tema, dedique los primeros minutos para reflexionar juntos sobre el contenido del capítulo 3. ¿Qué significa ser un conversador cristiano?

B. Ejercicios para aprender a compartir (30 m.)

La capacidad de desarrollar una conversación cristiana supone la habilidad para compartir informalmente lo que está sucediendo en su vida, *por el hecho de ser cristiano*. ¿Cómo respondería, con honestidad y como cristiano, a cada una de las siguientes situaciones? Si lo cree necesario, haga notas. Después de unos cinco minutos, usted deberá analizar las respuestas con el resto del grupo.

1. Mientras están tomando un café, un amigo le pregunta "¿De qué se trata este grupo pequeño al que vas todas las semanas?" Usted contesta ...

2. Su vecino lo saluda cuando usted vuelve de la iglesia. Usted comienza a charlar, y de pronto él le pregunta: "Eres extraño ¿sabes?... ¿Por qué pasas tanto tiempo en la iglesia? ¿Por qué te molestas en ir? Ya nadie asiste a la iglesia." Usted contesta ...

3. Usted descubre que uno de los hombres del vecindario está sin trabajo. Tiene esposa y tres hijos pequeños. Ni él ni su esposa encuentran trabajo. Están luchando para sobrevivir. Usted se *comporta* como cristiano si ...

Después de siete minutos, haga que una o dos personas lean las respuestas que escribieron para el punto 1. Analícelas. Haga lo mismo con el punto 2 y el punto 3. ¿Agotan las respuestas todo lo que podría decirse del tema? ¿Son correctas? ¿Son interesantes y motivadoras? (No debemos aburrir a la gente cuando analizamos lo que es el cristianismo.) ¿Estuvieron libres de jerga religiosa? (Es decir, si la otra persona pudo entender a lo que se estaba refiriendo.)

C. El arte de escuchar (20 m.)

El siguiente es un ejercicio para aprender a escuchar. El grupo se dividirá por parejas. Cada uno de ellos conversará acerca de una cuestión controvertible. Una de ellas tomará vigorosamente uno de los puntos de vista; la otra responderá con el punto de vista opuesto. No importa cuáles sean sus verdaderos sentimientos sobre el tema, ya que sólo se trata de un ejercicio.

La única regla para guiar el ejercicio es que antes de responder, cada uno debe hacer un resumen, en sus propias palabras, de lo que haya afirmado el compañero. Sólo después que éste haya aceptado (y diga que se trata de una buena síntesis), usted podrá intervenir con una afirmación propia.

Por ejemplo, hay un tema muy discutido: ¿Es bueno el rugby para los adolescentes? Uno podría decir: "Me parece que el rugby no es bueno para los chicos porque les saca de adentro un exceso de agresividad. Los veo intentar golpearse unos a otros y romper las reglas cuando ven que el árbitro no está mirando." Al hacer la síntesis, el compañero se expresa así: "Tú dices que el rugby es malo porque los muchachos pierden el control de sí mismos, se agreden, y quieren sacar ventaja del otro equipo." El primero da su aprobación; por lo tanto su compañero prosigue diciendo: "Aunque creo que esto ocurre ocasionalmente, me parece que el ejercicio los hace aguantadores y el juego en equipo les enseña el valor de la cooperación."

"De modo que tú dices que la violencia se justifica por el bien que les hace al carácter y el valor de aprender a cooperar ... pero yo opino que ... " etc. Es posible que el líder del grupo tenga que hacer una *demostración* con algún voluntario, para que se note en qué consiste el ejercicio.

Los siguientes son ejemplos de temas discutibles sobre los que usted puede hacer la práctica:

1. Se debería eliminar el profesionalismo en el deporte.

2. Debería haber una ley que elimine el divorcio.

3. La Argentina debe preparar armas nucleares.

4. Se debería permitir a las mujeres en el sacerdocio.

5. El matrimonio está fuera de moda.

6. Esta ciudad (iglesia o universidad) es terrible.

La cuestión no es llegar a un consenso sobre estas cuestiones. Eso es secundario. Lo que se busca es crear un clima de discusión que demuestre lo difícil que es escuchar al otro.

Ahora... ¡a buscar un compañero y comenzar a discutir! Después de cinco minutos deberán reunirse nuevamente y comentar lo que aprendieron.

D. Cómo resolver problemas (30 m.)

Damos testimonio no sólo con palabras, sino también con hechos. Cuando un amigo está pasando por una dificultad usamos palabras para ayudar a nuestro amigo a orientarse en ese momento difícil. Además, por medio de nuestras acciones le demostramos la manera en que Cristo nos ayuda a vivir la vida.

Nuestro objetivo, en una situación así, no es dar un consejo como si fuéramos expertos (lo que, de todos modos, probablemente no seamos), sino ayudar a nuestro amigo a descubrir cuál es el problema, y qué opciones tiene por delante. De ese modo podrá optar con mayor claridad. El proceso para resolver un problema tiene cuatro pasos:

1. *¿Cuáles son los factores que entran en la situación?* Este es un punto en el que usted podría ser de gran ayuda a su amigo. Al hacerle preguntas y luego puntualizar cada uno de los factores relevantes, usted podrá ayudarlo a distinguir los aspectos de lo que se le presenta como una situación confusa.

2. *¿Cuál es realmente la cuestión?* Mientras se conversa acerca de un problema suele volverse más claro cuál es el nudo de la cuestión, y qué decisión involucra. A menudo uno se siente superado por un problema porque no alcanza a descubrir qué es lo que está enfrentando.

3. *¿Qué decisión debe tomarse?* Su amigo debe decidir entre varias alternativas. Tendrá que hacer lo siguiente: resistir la tentación de decidir usted por él; si lo hace usted se hace responsable, de algún modo, de la decisión de su amigo; además a él le faltará el sentido de compromiso necesario para llevarlo adelante.

4. *¿Qué planes son necesarios para llevar adelante la decisión?* Una cosa es decidir, otra muy diferente, actuar. Ayude a su amigo a tomar los pasos necesarios para poner en práctica la decisión tomada. Sea específico. Sugiera el momento y el lugar en que ciertas cosas habrán de hacerse.

Su papel es el de hacer preguntas (recuerde el valor de las respuestas "resúmenes" que practicaron), escuchar cuidadosamente (así podrá fijar correctamente los puntos en cuestión) y luego hacerle más preguntas. Tenga cuidado de no discutir con él, ni interrumpirlo, ni emitir juicios, saltar a conclusiones, escandalizarse o enojarse.

El líder del grupo puede ahora *demostrar* mediante una sesión de rol play, cómo se desarrolla una conversación en tales circunstancias (resolviendo un problema). O pueden separarse en tres grupos. Cada uno de ellos decidirá qué problema tomar. Es mejor tratar un problema real, pero también puede hacerse con un problema imaginario.

Una vez que los grupos han elegido el problema, se procede de la siguiente manera:

Primera vuelta: La persona N° 1 trata de ayudar a la persona N° 2 con el problema que tiene (y que tendrá que especificar). Mientras tanto la persona N° 3 deberá actuar de espectador. Después de cinco minutos, el ejercicio se interrumpe y se dan tres minutos para evaluar. El observador (N° 3) da primeramente su opinión. Luego el consultante (N° 1), expresa hasta qué punto sintió que recibía ayuda. Después el consultado (N° 2), dice cómo se sintió. Esta discusión general entre las tres personas que integran el grupo *no* es acerca de los detalles del problema, sino acerca de la efectividad de la consulta. El observador deberá tomar en cuenta puntos como éste: ¿monopolizó la conversación la persona consultada, o no? ¿Se mostró un oído atento? ¿Demostró una actitud crítica? ¿Dio demasiados consejos? ¿Trató de discutir desde su propio punto de vista? ¿Ayudó a la otra persona a enfocar mejor la cuestión? Y habiendo llegado a ese punto: ¿fue capaz de ayudarlo a tomar la decisión inmediata?

Segunda vuelta: Se repite el procedimiento, pero esta vez la persona N° 2 ayuda a la persona N° 3, mientras que la N° 1 observa.

Tercera vuelta: Lo mismo que antes, pero N° 3 ayuda a N° 1, y N° 2 observa.

Reacciones: El grupo total se reune para discutir lo que sintieron durante el ejercicio, y en qué medida aprendieron algo. [1]

Tarea

1. Lea el capítulo 4 y prepare el material para interactuar.

2. Si es posible, lea el capítulo de "La Lucha" de John White sobre el testimonio (Ediciones Certeza).

3. Haga una lista de las personas por las cuales orar y compartir su fe.

4. Trate deliberadamente de aplicar cada una de las pautas de conversación que practicó en esta sesión. *Compartir*: las preguntas típicas que los amigos no cristianos podrían preguntarle, y ensaye mentalmente la forma en que les contestaría con claridad y honestidad. *Escuchar*: Ejercite su práctica para escuchar a otros; concentre toda su atención en lo que él o ella está diciendo, y de tanto en tanto, resuma lo que el otro le ha dicho. Luego converse sobre esto con la persona con quien hablaba. *Resolver problemas*: Esté atento a sus propios problemas, o a los problemas que aparecen en la vida de sus amigos, para poder aplicar lo que ha aprendido.

Cuarta sesión
El proceso de planificación

A. El grupo de oración (30 m.)

Un grupo que no ora *específicamente* por alguien, generalmente no alcanza a *nadie* para Cristo. Es así de simple. Si no estamos lo suficientemente preocupados como para orar, no estaremos lo suficientemente preocupados como para dar nuestro testimonio. El propósito de este ejercicio, por lo tanto, es enfocar el tema de la oración. Al orar juntos, recuerden las palabras del Señor: "Donde están dos o tres congregados en mi nombre, allí estoy yo en medio de ellos" (Mt 18:20). ¡Jesús está presente cuando oramos!

Oren juntos de una manera conversacional. Es decir, cada persona ora muy brevemente acerca de un sólo punto por vez; otros pueden orar sobre ese mismo tema. Cuando el tema ya ha sido tratado en oración, se pasa a otro (vinculado con él). En otras palabras: cada uno orará brevemente varias veces en lugar de hacer una sola oración larga. Si esta idea de orar en forma conversacional le resulta nueva, las siguientes sugerencias pueden ayudarlo:

a) *Ore en primera persona* cuando se refiera a usted mismo. Es la única manera de ser verdaderamente honesto en la oración. En lugar de decir "Señor, deberíamos orar más a menudo, y nos hace falta leer más tu Palabra, perdónanos..." diga: "Señor, perdóname. Sólo he leído una o dos veces tu Palabra esta semana, y lo he hecho a la ligera. Mi corazón está tan hambriento de estar contigo a solas... Por favor, perdóname por lo que hago, y te pido que tomes control de mi tiempo..." Sólo si está orando por el grupo es conveniente usar la primera persona plural.

b) *Ore de manera específica*. No diga, "Señor, ayúdame a hablar con más coraje", sino "Señor dame una oportunidad de hablar con naturalidad la semana que viene con Carola, acerca de ti."

c) *Ore con sencillez*. Hable con Dios como lo haría con un amigo. Comparta con él lo que realmente está sintiendo. No hay ninguna necesidad de formular oraciones elaboradas, llenas de elevados conceptos teológicos.

d) *Ore en lenguaje cotidiano*. No es necesario usar el "vosotros" ni el "sois" cuando nos dirigimos a Dios.

e) *Ore en voz audible*, para que los demás lo escuchen con facilidad y puedan acompañarlo.

Comience por compartir brevemente su experiencia de desarrollar una "conversación cristiana" durante la semana pasada. ¿Qué fue lo que anduvo bien? ¿Qué fue lo que salió mal? ¿Tuvo tanto miedo que ni siquiera se animó a probar? Oren juntos por todas estas experiencias (10 m.)

Durante el tiempo que reste deje que cada persona comparta los nombres de una o dos personas a las que se podría invitar para el Encuentro de evangelizacion. Exprese brevemente quiénes son y cuál es su relación con la fe cristiana. Oren juntos acerca de cada una de estas personas.

B. Cómo planificar un Encuentro de evangelización (1 hora)

Usted ya ha leído acerca de cómo planificar un Encuentro de evangelización con un grupo pequeño. En esta sesión hará la planificación concreta de ese evento real. La idea es esta: Entre las sesiones quinta y sexta, su grupo planificará y llevará a cabo un Encuentro de evangelización, al que invitarán a sus amigos. De este modo aprenderá más sobre lo que significan los grupos pequeños de evangelización, que leyendo un libro sobre el tema. Además, es más fácil y menos apabullante planificar un sólo acontecimiento que lanzarse de entrada a una serie de varias semanas.

En primer lugar, *las ideas*. El líder de su grupo repasará para beneficio de todos, la teoría de cómo preparar un Encuentro de evangelización.

En segundo lugar, *el grupo destinatario*. ¿A quiénes invitar?

En tercer lugar, *el contenido* ¿Qué temas serían de interés para las personas que desea alcanzar, y de qué manera los abordaría?

Cuarto, *tiempo, lugar y estructura*. ¿Cuándo, y dónde se hará la reunión? ¿Qué conviene servir? ¿Cuál es la estructura conveniente para esa reunión?

Quinto, *la organización*: ¿Quién se va a encargar de cada uno de los aspectos de esa oportunidad?

Para poder contestar estas preguntas de manera creativa, sugiero que las sometan a un libre bombardeo de ideas. El bombardeo de ideas es una técnica de grupos usada a menudo en el campo de los negocios, para que los ejecutivos se sientan libres de explorar nuevos caminos de crecimiento y desarrollo. Es algo así: Se propone un tema en el grupo (En este caso: ¿A qué aspecto del evangelio responderá más favorablemente nuestro grupo destinatario y cuál es la mejor manera de lograr una velada creativa en torno a nuestro objetivo?) Luego se le pide a las personas que hagan sugerencias lo más rápidamente posible, sin tomar en cuenta si las ideas son factibles o no. Se anotan todas las sugerencias. Las ideas un poco extravagantes también son bienvenidas porque a menudo sirven de detonante para otras ideas. No se permite que nadie critique a nadie. Esto es muy importante. El miedo de sugerir una "idea tonta" es lo que a menudo inhibe la creatividad del grupo. Finalmente, después de un período suficiente de tiempo,

interrumpa el bombardeo de ideas y eche un vistazo a la lista para escoger las mejores ideas. Usted se asombrará de las ideas creativas que han surgido de esta técnica.

Tarea

1. Lea el capítulo 5 y prepare el material de interacción.

2. Piense y ore por aquellos amigos a quienes desearía invitar para el Encuentro de evangelización (sobre la base de lo decidido en grupo, en cuanto a qué grupo destinatario apuntar).

3. Invite a estos amigos al Encuentro de evangelización. Asegúrese de ser franco acerca de lo que se ha preparado. No sienta temor. Si el grupo ha hecho una buena planificación (como estoy seguro que lo ha hecho), el acontecimiento resultará divertido, relajado, y de mucho provecho.

4. Ore por estos amigos, ore por el Encuentro de evangelización, por cada uno de los mienbros del grupo, por usted mismo.

5. Continúe con una actitud abierta hacia la posibilidad de conocer más amigos no cristianos.

Quinta sesión
Las relaciones en un grupo pequeño

A. Oración en grupo (15 m.)

Una vez más comience su experiencia de grupo orando juntos. Ore de manera conversacional. Oren unos por otros. Oren especialmente por el Encuentro de evangelización.

B. Dinámica de grupo (1 hora)

Usted ya ha leído acerca de la dinámica de grupos. Ahora ha llegado el momento de analizar cómo funciona su propio grupo, y evaluar el rol individual de cada uno dentro de él.

1. Revise rápidamente los puntos claves del capítulo 5. (10 m.) Asegúrese de que comprende: (a) la diferencia entre el aspecto objetivo y el aspecto subjetivo del funcionamiento grupal, (b) la manera de manejar las tensiones del grupo, (c) la variedad de formas en que la gente interactúa en un grupo, y (d) la visión de convertirse en un grupo de camaradería honesto, abierto, y afectuoso.

2. Complete el cuestionario "El grupo pequeño y yo" (final del capítulo 5) si es que todavía no lo ha hecho.

3. Para describir la manera en que generalmente funcionan en grupo ¿qué rol descriptivo se aplicaría mejor a cada uno? El líder comenzará la charla compartiendo con los demás sus preferencias respecto del rol que le gusta más: ¿hay algún otro en el grupo que también ejerza este mismo rol? ¿Cuáles son los beneficios de cada rol? ¿Cuáles los peligros? Después de analizar los roles, discuta lo que han aprendido en general acerca de la dinámica de grupos.

4. Destine los últimos diez minutos a conversar sobre el Encuentro de evangelización. ¿Quiénes están dispuestos a venir? ¿Qué posibles roles ejercerán al integrarse al grupo? ¿Qué se puede hacer para que se sientan cómodos y que formen parte del grupo?

C. Planificación del grupo (15 m.)

Revise los planes para el Encuentro de evangelización. ¿Se han tomado todas las precauciones para que los detalles necesarios no fallen?

Tarea

1. En la medida de lo posible, procure allanar cualquier tensión que haya surgido dentro de las relaciones del propio grupo. Estas pueden haberse hecho evidentes al hacer el ejercicio "El grupo pequeño y yo". Haga esto antes de que se lleve a cabo el Encuentro de evangelización, si es posible.

2. Cumpla con su responsabilidad en el Encuentro de evangelización, y participe activamente en el proyecto. Ore por este acontecimiento, especialmente por aquellos que están por asistir.

3. Lea el capítulo 6 y prepare el material de interacción.

Sexta sesión

El contenido de nuestro testimonio (I)

La semana pasada usted tuvo su primera experiencia de evangelización por medio de un grupo pequeño. Esperamos que esta haya sido una buena experiencia para usted... tal vez lo suficiente como para que ahora se sienta entusiasmado más que antes en continuar con la totalidad del programa de extensión. Sin embargo, sé que para la mayoría de las personas esta experiencia tiene momentos traumáticos. Nuestras emociones son una cuestión curiosa, sobre todo cuando ingresamos en una experiencia nueva. De allí que me parece valioso si, antes de entrar en los ejercicios de la sexta sesión, examinamos brevemente algunas de estas experiencias para ver lo que realmente representan, y qué es lo que se puede aprender de ellas.

Aprehensión. Sospecho que uno de los sentimientos compartidos por la mayoría de las personas es la aprehensión. Normalmente *tememos* una nueva situación. La razón es muy simple: la situación es nueva y no podemos anticipar lo que va a ocurrir. Como no podemos anticiparlo, comenzamos a *imaginar* lo que puede marchar mal.

Piense que estos temores son perfectamente normales. Lo importante es no ceder ante el temor y abandonar la situación que da lugar a nuestro temor.

En segundo lugar, muchos de nuestros temores se basan en supuestos infundados. Por ejemplo, tememos que no haya nadie interesado en el cristianismo. Pero no es así. He encontrado exactamente lo contrario. La mayoría de las personas están interesadas en el cristianismo, siempre que no los sofoquemos para que nos escuchen, o los manipulemos de alguna otra forma.

En tercer lugar, cualquiera sea el resultado, se lo puede transformar en una experien-cia útil, provechosa. Cuando en cierta ocasión nadie apareció para la invitación de un grupo, los miembros se dedicaron a preguntarse *por qué*. Esto provocó una conversación sumamente beneficiosa. Reconocieron algunos errores que habían cometido, y se pusieron a mejorar los planes para una segunda tentativa. Finalmente, oraron juntos para una próxima ocasión, que resultó altamente exitosa. A menudo dejamos que el "fracaso" nos desanime, y decimos : "Y bueno... les dije que no funcionaría". Y no lo intentamos otra vez.

A veces, nos ponemos aprehensivos porque no llegamos a confiar plenamente en Dios. El es quien nos invita a este tipo de trabajo y no sólo está con nosotros en lo que hacemos, sino que utiliza cada circunstancia.

Desaliento. Si la aprehensión es el sentimiento que nos acosa antes de un evento, entonces el desaliento es nuestro enemigo después de él. *El desaliento nos llega cuando lo que ocurre no llena nuestras expectativas u ocurre de una manera diferente a la que esperábamos.* Esperábamos seis parejas, y aparecieron cuatro, de modo que fracasamos. O bien, durante la sesión, sólo una o dos personas parecieron captar el nudo del cassette que escuchamos. Nos sentimos fracasados.

Pero... ¿es esto un "fracaso"? En absoluto. Todo lo que efectivamente indica es que nunca podemos saber, antes de tiempo, exactamente lo que habrá de ocurrir.

Recordemos, en primer lugar, que los números no son un índice infalible de lo que es el éxito. Una reunión de 2000 personas no es necesariamente más significativa que una reunión de cinco personas. No mida el éxito o el fracaso sobre la base de sus propias interpretaciones. El problema podría ser que sus expectativas sean equivocadas. En tercer lugar... ¡Libérese totalmente de la mentalidad éxito/fracaso! A los ojos de Dios, la cuestión es: ¿Ha hecho lo mejor posible? En cuarto lugar, recuerde que rara vez sabemos lo que está ocurriendo dentro de la mente de otra persona. A veces las cosas que menos esperamos, hacen el impacto más profundo. Después de todo, es el Espíritu Santo el que está trabajando, a su manera, dentro de ellos. Finalmente *aprenda* de sus verdaderos errores (usted cometerá algunos). No deje que lo desanimen. Los errores no son tragedias, sino oportunidades para aprender.

Dificultades imprevistas. Todavía queda otro factor para tener en cuenta. Si su grupo tiene el potencial para hacer un verdadero impacto sobre otros, prepárese para enfrentar dificultades imprevistas. Lo digo porque hemos visto repetirse una regla durante los años en que formé parte de grupos. Cada vez que estábamos a punto de lanzar un nuevo esfuerzo de evangelización, se multiplicaban las dificultades. La relación entre nosotros se volvía tensa; o todos sufríamos de una depresión inusual o poco común; o nos veíamos obligados a solucionar una crisis en la vida de alguien, que nos restaba tiempo y energía.

Observé este mismo fenómeno en varias misiones dentro de la universidad de las que formé parte. En cada una de ellas, en el momento en que las cosas comenzaban a andar bien, la comisión ejecutiva comenzaba a desintegrarse. En dos casos los miembros claves de la comisión fueron alertados por las autoridades a que dejaran de inmediato esas actividades, porque corrían el riesgo de desaprobar las materias. (Ambos eran excelentes estudiantes y no tenían problemas de estudio). La semana antes de la principal serie de conferencias que habíamos programado para una universidad, y a pesar de una excelente respuesta a actividades anteriores, del mismo tipo, el grupo entró en depresión. Se habían sumado factores externos: problemas en el noviazgo, crisis familiares, etc.

Los problemas son parte de la vida, ¿pero, por qué ese aluvión repentino, que afec-

taba a tantas personas simultáneamente, y en el momento crucial? Pienso que la respuesta está contenida en la afirmación de Pablo de que "...no tenemos lucha contra carne y sangre, sino contra principados, contra potestades, contra los gobernadores de las tinieblas de este siglo, contra huestes espirituales de maldad en las regiones celestes" (Ef 6:12). Como cristianos tomamos lo sobrenatural con seriedad, tanto lo divino como lo demoníaco. Creemos que este mundo está en las garras de poderes oscuros. Por lo tanto debemos esperar encontrarnos con la oposición demoniaca si comenzamos a desestabilizar el barco de Satanás, ganando a otros para Cristo. Como lo expresa C. S. Lewis: "No hay terreno neutral en este universo; cada centímetro cuadrado, cada fracción de segundo, es reclamada por Dios y vuelta a reclamar por Satanás." [2] Necesitamos entrar en este tipo de actividades con la conciencia, ganada en la oración, de la presencia de Dios y de su poder victorioso. Dicho sea de paso, en ningún momento los problemas inesperados pudieron arruinar, realmente, nuestro esfuerzo. Lo tornaron, simplemente, más arduo.

Éxito. Hace falta agregar una palabra para aquellos que no han sentido ni temor, ni desaliento, ni problemas especiales. Disfrutaron enormemente del esfuerzo de extensión planificado en el grupo. Pero sospecho que a medida que continúen, algunos de estos problemas irán surgiendo. Pero por el momento, simplemente guarde estos consejos para la oportunidad en que le resulten de ayuda.

A. Evaluando el Encuentro de evangelización (30 m.)

Analice el Encuentro de evangelización tomando como base las respuestas al cuestionario de interacción al final del capítulo 6.

B. Quién es Jesús (1 hora)

Este es un ejercicio destinado a intentar decir clara y concisamente quién es Jesús, tomando como base la lectura del capítulo 6, y su propio trabajo "Un diálogo en torno a Jesús" (final del capítulo). Divídanse en subgrupos de tres personas. En cada uno de ellos un miembro será el "cristiano", otro actuará como "la persona no cristiana interesada", y la tercera, como "observador".

Luego el cristiano deberá intentar explicarle al no cristiano quién es Jesús. El no cristiano no es una persona antagónica que le hace preguntas difíciles y periféricas, sino una persona genuinamente interesada. Las preguntas deberían reflejar este aspecto. El rol del no cristiano es lograr que el cristiano se exprese con claridad y sin ambigüedad. Durante el diálogo, el observador tomará notas: ¿Es clara la explicación? ¿Es correcta? ¿Precisa? ¿Está libre de jerga? Cuando el diálogo haya sido completado, el observador deberá guiar la discusión acerca de su efectividad.

Durante la primera vuelta, el no cristiano comenzará preguntando: "Dígame ¿quién es Jesús?" El cristiano intentará explicarlo sin apelar a la obra de Cristo. En otras palabras, concentrarse en el primer punto del bosquejo que se dio en el capítulo 6.

En la segunda vuelta el cristiano intentará comunicar lo que Jesús *hizo*. En la tercera vuelta el cristiano intentará expresar lo que la obra de Cristo representa para la persona. Por lo tanto, cada rol play es diferente; cada uno comienza en el punto en que acabó el otro. Este ejercicio resultará difícil al principio. No se sienta demasiado frustrado si usted se encuentra en figurillas, como cristiano, para expresar todo lo que quisiera. Permita que esta frustración lo lleve a estudiar y practicar más.

Después que cada uno haya tenido la oportunidad de hacer cada uno de los papeles del rol play, utilice el tiempo restante para reflexionar en grupo sobre esta experiencia de compartir con otros lo que usted piensa acerca de Jesús.

Tarea

1. Lea el capítulo 7 y prepare el material de interacción.

2. Ore pidiendo a Dios la posibilidad de conversar, esta semana, con alguna persona, acerca de quién es Jesús. El diálogo que usted ha preparado y el rol play que usted haya hecho lo habrán capacitado para esto. Sea sensible al tono de la situación. Es mejor, naturalmente, conversar acerca de quién es Jesús con alguien que esté buscando esta respuesta. Pero en caso contrario, intente expresarlo con su esposo o esposa, o con un amigo cristiano. No importa: todavía ganará algo de la experienca, y adquirirá mayor confianza en sí mismo. Una persona que conozco probó de ejercitarse con su clase de estudio bíblico y descubrió que uno de los miembros estaba buscando desesperadamente respuesta a esa misma pregunta: ¿Quién *es* Jesús?

3. Ore por aquellos que asistirán al Encuentro de evangelización. ¿Cuál es su responsabilidad hacia ellos en el futuro? ¿Cómo puede vincularse con sus intereses y necesidades?

4. Ocúpese de estos amigos.

Séptima sesión
El contenido de nuestro testimonio (II)

A. Peregrinaje espiritual (45 m.)

¿De qué manera llegó a conocer a Cristo? La historia de cada persona es diferente, y cada una ilustra la manera en que Dios obra en la vida. En los capítulos 6 y 7, el foco estaba centrado en los aspectos objetivos del evangelio. En este ejercicio tendrá que recordar, en primer lugar, la experiencia subjetiva que rodea estos hechos, y luego dibuje un diagrama que muestre los altibajos de su peregrinaje espiritual (10-15 m.)

Comience por dividir su vida en períodos significativos. Quizás correspondan a *experiencias educativas*: preescolar, escuela primaria, secundaria, universitaria, etapa profesional. O quizás sea la *edad* lo que determine para usted la clave: niñez, adolescencia, juventud, adulto, hombre o mujer casado, etc. Para algunos la clave serán los lugares: éste o aquél país, provincia o zona donde vivió. O tal vez gire alrededor de las personas de más importancia en su vida: padres, la barra de la cuadra, la novia, el pastor X, el abuelo. O una combinación de factores: infancia, universidad, casamiento, viaje fuera del país.

Para cada período, hága-

se la pregunta: ¿Cuál era el grado de mi percepción espiritual en ese momento, y qué experiencias cruciales tuve en el orden espiritual? Particularmente, trate de recordar su conversión. ¿Fue un acontecimiento dramático? ¿O se dio cuenta gradualmente, que confiaba en Cristo? Cualquiera sea la forma en que ocurrió (o esté ocurriendo aún ahora), exprésela de la manera más clara posible.

Combine estos dos factores en un cuadro (tal como se ilustra en esta página) y trace su propia experiencia. Si queda suficiente tiempo, diga cómo llegó a conocer a Cristo.

En los últimos quince minutos de este ejercicio, analice con el grupo cómo expresar a otros, la manera en que Dios obra en la vida. ¿Cuál es la mejor manera de comunicarlo? ¿Qué les molesta a otros? ¿Cuándo se vuelve negativo el "testimonio"? ¿De qué manera es una ayuda en la comunicación del evangelio? ¿Cómo equilibrar los aspectos subjetivos y objetivos del evangelio?

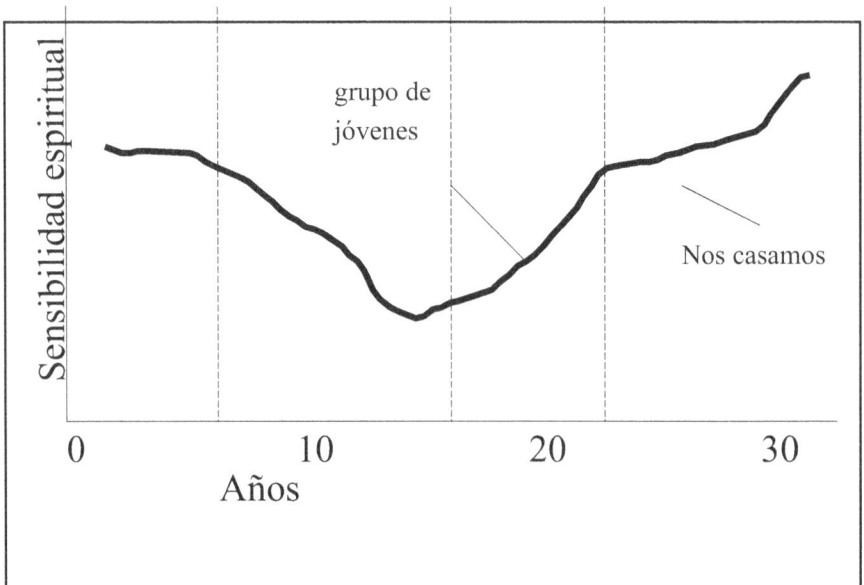

B. Cómo llegar a ser cristiano (45 m.)

Con los mismos grupos de tres, haga un diálogo de la misma forma que la semana pasada hizo entre un "cristiano", un "no cristiano", y una tercera persona de observador. La pregunta que hace ahora el no cristiano es: "¿Cómo puedo llegar a ser cristiano?"

Cada vez que el no cristiano haga su rol, agréguele algún tipo de problema: drogadicción, soledad, stress, ansiedad, la ruptura de una relación clave, o tenga en mente las objeciones reales de algún amigo no cristiano.

Tarea

1. Lea el capítulo 8 y prepare el material para interactuar.

2. Continúe compartiendo su fe en Cristo con amigos. Al menos con una persona comparta la forma en que usted encontró personalmente a Jesús.

3. Continúe orando por ese tipo de oportunidades, por usted mismo, y por sus amigos.

4. Por medio de un diálogo interior, practique la forma de explicar a alguien cómo llegar a ser cristiano. Imagínese conversando con un amigo sobre Jesucristo. ¿Qué le dirían él o ella? ¿De qué manera respondería?

Octava sesión

La estrategia de un grupo pequeño de evangelización

A. Pasado y futuro (30 m.)

Tomando como base el ejercicio de interacción "¿Y ahora qué?" (capítulo 8), analice lo que aprendió en el curso, y de qué manera espera aplicarlo.

B. Serie de encuentros de evangelización (30 m.)

Si su grupo tiene ocho o más miembros, decidan juntos de qué manera dividirse. En dos o tres subgrupos conversen acerca de *quiénes* tratarán de invitar, *cuándo*, y *cómo*. Establezca el tiempo y el lugar adecuado para una reunión con el objeto de planificar la Serie de encuentros de evangelización.

C. Adoración y alabanza (30 m.)

Llegue al final de su experiencia de capacitación con un tiempo de oración, de alabanza, de canto, y de interacción. Que cada persona pueda sugerir una oración, elevar una oración, expresar una palabra de gratitud o de alabanza, recuerde momentos significativos en estas semanas pasadas, o lea unos pocos versículos.

Concluya sentado, o de pie, en un círculo. Tómense de las manos y canten la doxología o algo similar. ¡Y después…abrácense unos a otros!

3

Guía para el líder del grupo de capacitación

La parte 3 está destinada al líder de un grupo pequeño de capacitación. Proporciona todo el material adicional que el líder necesita para prepararase para una sesión de grupo. La guía para el líder ya está desarrollada paso a paso en la Parte 2. No hará falta que usted se refiera a la parte 3 durante los encuentros del grupo.

Primera sesión: Los principios de la evangelización

Objetivos

1. Comenzar el proceso de consolidación del grupo dando oportunidad para que cada persona comparta con los otros, algo de su historia personal.

2. Introducir el concepto de evangelización en grupos pequeños, y la naturaleza de esta experiencia de capacitación.

3. Comunicar en qué consiste la "gran comisión" y los tres principios que requiere llevarla a cabo, tanto a un nivel de conocimiento como de experiencia concreta.

4. Elaborar metas grupales compartiendo las esperanzas y los temores tanto acerca del grupo de capacitación como de la tarea de evangelizar en grupos pequeños.

Desarrollo

A. Introducción a cargo del líder (10 m.)

B. Aprendiendo a conocerse unos a otros (20 m.)

C. Los tres principios de la evangelización (30 m.)

D. Mis esperanzas y temores acerca de evangelizar (30 m.)

B. Aprendiendo a conocerse unos a otros (20 m.)

Siempre será responsabilidad suya, como líder del grupo, ser el primero en responder y compartir con otros las preguntas de este tipo. Usted es el modelo. Fije un ejemplo de brevedad y claridad en sus respuestas, y los demás seguirán su ejemplo. El objetivo del primer ejercicio no es solamente hacer que la gente se sienta cómoda dentro del grupo, sino mostrar que el grupo será participativo, y que analizará realidades espirituales. Observe cuidadosamente el tiempo en la sección B. Es muy fácil excederse en estos momentos de ejercicios participativos.

No habrá tiempo para que todos contesten la pregunta 3. Regule el número de respuestas al tiempo que resta para la sección B. Es posible que necesite algo de tiempo al comienzo de la sesión 2, para que otros miembros del grupo comenten de qué manera Dios se volvió real para ellos. (Si usted siente que la pregunta 3 puede poner incómodo al grupo, en lugar de ella pregunte: "¿Desde cuándo está vinculado a la vida de la iglesia, y cuándo comenzó?")

C. Los tres principios de la evangelización (30 m.)

En la sección C su objetivo es asegurarse que la gente capte (a) la naturaleza de la "gran comisión" y de qué manera llevarla a cabo, y (b) el desafío y la aventura que esto significa para un cristiano. Use las preguntas para sondear las ideas de las personas con relación a cada uno de los principios. El patrón de ir pasando de las ideas a los sentimientos y experiencias, es una buena práctica para cualquier discusión de grupo. Puntualice las ideas y permita que la gente tenga la oportunidad de decir cómo se sienten acerca de ellas y comparta experiencias que afirmen la validez de los conceptos.

Si el grupo no ha tenido la oportunidad de leer el capítulo 1, usted mismo tendrá que responder a las preguntas sobre "conceptos", dando un breve resumen de los contenidos del libro. Luego puede proceder a las preguntas sobre los sentimientos, y las experiencias.

D. Mis esperanzas y temores acerca de la evangelización (30 m.)

Aquí su objetivo es lograr que la gente exprese tanto sus dudas, sobre la tarea de evangelizar, como sus aspiraciones acerca de lo que podría ocurrir si llevaran a cabo una tarea de evangelizar con el grupo pequeño. Las primeras dos preguntas permitirán a las personas identificar los temores que tienen con respecto a formar parte de un grupo y acerca de la evangelización en general. Dedique sólo unos 5-7 minutos ya que la semana siguiente se volverá a tocar este punto. La clave de la discusión está en las preguntas 3 y 4, es decir, comprender que los temores pueden ser superados, y luego soñar juntos acerca de lo que podría ocurrir.

Tareas

Lea rápidamente el material que deben estudiar los miembros antes de la siguiente sesión. Aliéntelos para que inviten a otros a unirse al grupo de capacitación. Provea las copias del libro *Evangelización en grupos pequeños* para que las puedan distribuir a los amigos que desean integrarse al grupo, de modo que ellos también estén en condiciones de prepararse para la reunión siguiente.

Segunda sesión: Los problemas en el testimonio

Objetivos

1. Continuar con el proceso de consolidación del grupo, generando una charla en torno a experiencias compartidas. Agregar nuevos miembros al grupo.

2. Aprender a invitar a otras personas al grupo.

3. Ayudar a las personas a identificar sus propios problemas en relación al testimonio personal, a comprender cómo superarlos, y a sentir confianza en que esto es posible.

4. Captar e internalizar el sentido de compromiso acerca de la extensión del evangelio al examinar la experiencia de la iglesia primitiva. Hacer un pacto para intentar ser una comunidad testimonial de esta naturaleza.

Planificación pre-grupal

Tenga en cuenta que algunas personas nuevas se unirán al grupo. Piense en la forma de hacerlos sentir cómodos. Perciba el "ambiente" o el "clima" que el grupo tiene para lograr una visión clara de los problemas genuinos; con la esperanza de que éstos puedan ser superados y unidos a un creciente entusiasmo acerca de la tarea de evangelizar en grupos pequeños. Además, identifique los problemas logísticos que tuvo la semana pasada, y ocúpese de superarlos (por ejemplo, problemas de espacio, interrupciones, etc.)

En caso de que no todos traigan sus Biblias, tenga a mano algunas, para que puedan hacer el estudio bíblico en la última sección de este día.

Desarrollo

A. El arte de invitar (30 m.)

B. La tarea de testificar y yo (20 m.)

C. La Comunidad que testifica (40 m.)

1. Estudio bíblico

2. Compromiso

A. El arte de invitar (30 m.)

Usted tiene varias metas a lograr. En primer lugar, ayudar a las personas a comprender la *mecánica de la invitación*: ¿Cómo invitar a las personas de modo que tiendan a responder positivamente? Este ejercicio apunta al momento en que los miembros del grupo estarán invitando a amigos no cristianos, al Encuentro de evangelización. Resuma las opiniones que se generan acerca del proceso de invitación. Ayúdelos a comprender que las personas son más propensas a responder positivamente si uno comunica entusiasmo, los ayuda a superar las dificultades para asistir (por ejemplo, falta de medios de transporte), se es completamente honesto en la invitación, y uno se muestra comprensivo cuando hay un "no" genuino.

La segunda meta es ayudar que las personas perciban sus *sentimientos* al invitar a otros a un grupo pequeño. (ver, por ejemplo, la pregunta 5).

La tercera meta es analizar qué es lo que motiva o desalienta a las personas. ¿Por qué encontraron dificultades al hacer la invitación? ¿Qué les resultó fácil? ¿Por qué se mostraba la gente remisa o dispuesta a asistir? Si su grupo aun no ha conseguido otros participantes, no deje que se desalienten. Traten de descubrir entre todos por qué no vino nadie más. Aprenda de esta experiencia. El problema puede haber sido que los miembros del grupo simplemente no llegaron a concretar las invitaciones, o lo hicieron a último momento. ¡No les reproche! En lugar de eso emplee el tiempo en analizar por qué no salieron a invitar a otros. El problema de la motivación aparecerá luego, durante el estudio bíblico.

No necesita seguir el orden de las preguntas anteriormente señaladas. Vaya y vuelva, pasando de las personas que debían invitar a los que aceptaron la invitación. Por ejemplo, después de preguntar: "¿Cómo les fue con las invitaciones?", vuélvase a los que fueron invitados, y pregúnteles: "¿Qué fue lo que les interesó de este pequeño grupo?"

C. *La comunidad testimonial* (40 m.)

Primera pregunta: Observar las características de ese grupo del primer siglo.

Todos parecían ser amigos, y comentaban entre ellos lo que les sucedía. Eran una comunidad que oraba. Se los perseguía. Esperaban que sucedieran milagros. Estaban llenos del Espíritu Santo. Hablaban con coraje la palabra de Dios y tenían experiencias de oraciones contestadas. Gozaban de verdadera unidad. No dé las respuestas: permita que sientan la satisfacción de haberlas descubierto solos.

Pregunta 2: Se centra en el problema de la motivación. Esta era una comunidad entusiasta, explosiva, que experimentó un gran éxito en la evangelización. ¿Por qué?

Asegúrese de que el grupo advierta el poder motivador de "las señales y milagros"; de la experiencia de los discípulos en el Dios Trino (confianza en un Dios soberano, la conciencia de un Cristo vivo, y el ser llenos del Espíritu Santo); y del poder motivador de una genuina comunidad de fe. Enfoque luego la atención en Hechos 4:31, en relación a la experiencia de ser llenos del Espíritu Santo. Ayude al grupo a visualizar lo que sucedió en ese momento. ¿Qué significa "ser llenos del Espíritu Santo"?

Pregunta 3. Si le queda tiempo puede pasar a la pregunta 3. ¿Cómo es posible convertirse en una comunidad cálida, en contacto con el poder del Trino Dios?

Luego avance a la cuestión del pacto o compromiso del grupo. Cada individuo deberá haber reflexionado previamente acerca de su compromiso personal (final del capítulo). Ahora prepare el compromiso grupal. Este puede simplemente ratificar el compromiso dado o elaborar un nuevo compromiso de grupo.

Tarea

Recuerde a las personas su tarea para la semana siguiente (final de la sesión 2). Tal vez pueda obtener copias del artículo *La tiranía de lo urgente*.

Mencione, también, el hecho de que en pocas semanas el grupo tendrá a su cargo un Encuentro de evangelización, al que podrán invitar a amigos no cristianos.

Si quisieran agregarse otros cristianos al curso de capacitación conviene armar un grupo nuevo. Ya es demasiado tarde para unirse a este grupo. Ha transcurrido una cuarta parte del curso y el grupo está desarrollando una identidad y cohesión que se vería afectada por la irrupción de otras personas.

Tercera sesión: El arte de la comunicación cristiana

Objetivos

1. Proporcionar un modelo de lo que significa ser un testigo, poniendo el énfasis en la honestidad, la naturalidad, y la capacidad de llevar una conversación.

2. Enseñar el tipo de prácticas de conversación que pueden ponerse en funcionamiento de inmediato (comparar cosas con honestidad, saber escuchar con atención, y resolver problemas).

3. Proporcionar experiencia en el uso de estas prácticas.

Una visión general del Grupo

En esta sesión el grupo entra en una nueva fase. Hasta ahora habían estado analizando lo que significa dar su testimonio. En esta sesión el grupo comenzará a aprender las prácticas que los capacitará a ser buenos testigos. Las primeras dos sesiones eran actividades con las que se sentían familiarizados: dialogar en grupo, estudiar la Biblia, compartir experiencias. En las actividades grupales de la sesión 3, que son de mayor exigencia (y potencialmente más atemorizantes), su propio entusiasmo por los ejercicios hará que pierdan cualquier tipo de temor. Esta sesión es siempre divertida, y deja a las personas con la sensación de haber aprendido algo de valor que les brindará utilidad inmediata.

Desarrollo

A. El cristiano que conversa (10 m.)

B. Ejercicios para aprender a compartir (30 m.)

C. El arte de escuchar (20 m.)

D. Cómo resolver problemas (30 m.)

A. El *interlocutor cristiano* (10 m.)

Este es un *breve* ejercicio para entrar en clima. No trate de abarcar todo el material del capítulo 3.

B. *Ejercicios para aprender a compartir* (30 m.)

La situacion N° 1 ayudará para que las personas aclaren sus ideas acerca del grupo. Esto es importante, ya que en una fecha próxima, los miembros del grupo invitarán a otros para que asistan a una de las sesiones, y es posible entonces que comiencen a conversar con ellos sobre el cristianismo.

El objetivo de la situación N° 2 es ayudar a las personas a expresar en sus propias palabras el significado personal de su experiencia cristiana.

La situación N° 3 se refiere al testimonio que damos con nuestra conducta. Observe con cuidado: ¿Reflejan las respuestas de los miembros del grupo un deseo de involucrarse con las otras personas, o hay una inclinación a ayudarlos sólo de manera distante?

Posiblemente usted tendrá que sustituir estos ejemplos, de acuerdo a su grupo, por situaciones más contextualizadas. En un grupo universitario, por ejemplo, la situación N° 1 es adecuada, pero es posible que tenga que cambiar las situaciones N° 2 y 3 por algo más apropiado.

C. *El arte de escuchar* (20 m.)

Si es posible, practique este ejercicio con un amigo antes de la tercera sesión, y haga una demostración frente al grupo.

D. *Cómo resolver problemas* (30 m.)

Si es posible haga un rol play con algún voluntario, para que vean cómo funciona este ejercicio. Es probable que tenga que preparar esto con anterioridad a la reunión del grupo. Elija un problema familiar. Por ejemplo: "Mi compañero de pensión y yo no nos llevamos bien ¿Qué puedo hacer?"

Otra posibilidad es hacer este ejercicio en parejas. De ese modo cada persona dispondrá de más tiempo. O puede pedir al grupo que evalúe el rol play de demostración, sin tener que dividirse en pequeños subgrupos.

Cuarta sesión: El proceso de planificación

Objetivos

1. Introducir la idea y la práctica de la oración.

114

2. Enseñar la manera de planificar un Encuentro de evangelización.

3. Planificar un Encuentro concreto.

Desarrollo

A. Grupo de oración (15 m.)

B. Dinámica de grupo (1 hora)

C. Planificación del grupo (15 m.)

A. *Grupo de oración* (15 m.)

Si la idea de orar en forma conversacional es nueva para el grupo, dedique los primeros 5 minutos a explicar el procedimiento y responder a cualquier pregunta que se suscite. Como líder, usted debe saber percibir los temores genuinos que algunas personas sienten ante la idea de tener que orar en público. La oración conversacional hace que orar se vuelva más fácil, pero es conveniente sugerir que —si alguno desea hacerlo— escriba su oración y la lea, si es que no está familiarizado con la oración pública.

B. *Planificando un Encuentro* (1 hora)

Este es el ejercicio en el que la mayoría de las personas finalmente captan que se estará llevando a cabo la evangelización en términos reales. Habrá verdadero entusiasmo y temores concretos a medida que comiencen la planificación.

Repasando los conceptos. Repase los cinco aspectos de la planificación, pero no tome demasiado tiempo (5 minutos o menos). Aprenderán más del proceso si hacen la planificación en conjunto. Ocasionalmente, algunos grupos, porque sienten temor a la tarea de evangelizar, tratarán de convertir la planificación en una larga discusión acerca de este o aquel asunto. No permita esto y mantenga el grupo en su correcta dirección.

Planificar el evento. Observe que la primera pregunta tiene que ver con el grupo que desea alcanzar. No se podrá planificar nada eficientemente a menos que sepan a quiénes intentan alcanzar. Después le sugiero que pase a la cuestión de contenidos: ¿a qué temas apuntar y por qué? Esta es una pregunta clave y a la que tendrá que destinar

más tiempo. Las otras tres preguntas, posiblemente, se respondan por sí solas en el curso de la planificación.

Resista a la tentación de ser excesivamente elaborado. No es conveniente, por ejemplo, intentar pasar diapositivas con el objeto de tratar luego un tema. Tampoco elija un problema tan amplio como "El problema del mal". Sea simple, y concreto. Haga algo que pueda manejar con soltura.

¿De qué manera se llevará a cabo la evangelización en este Encuentro? A menudo estos eventos de un día, resultan pre-evangelizadores. Su objetivo podría ser suscitar suficiente interés en la gente, como para que quieran asistir a cualquier serie que usted planifique para la finalización de este curso de entrenamiento.

Compruebe que cada uno esté a cargo de un detalle. Al final, haga un resumen de lo que hace cada uno y cuándo debe hacerlo.

Quinta sesión: La interacción del grupo pequeño

Objetivos

1. Continuar orando juntos por el Encuentro.

2. Analizar la dinámica de grupo de modo que:

a. cada persona identifique la manera en que se relaciona con el grupo.

b. ayude al grupo a enfrentar los problemas que pudiera tener, y

c. ayude a preparar a las personas para el Encuentro... dándoles confianza en que sabrán conducir una sesión de grupo y manejar los problemas que puedan surgir.

Desarrollo

A. Oración en grupo (15 m.)

B. Dinámica de grupo (1 hora)

C. Planificación del grupo (15 m.)

A. Oración en grupo (15 m.)

Comience con un tiempo de oración. Quizás sea conveniente dividir el grupo en pequeños subgrupos de tres o cuatro personas, con el objeto de que cada individuo disponga de más tiempo para orar. Recuérdeles que deben ser específicos en la manera en que oran y pongan su confianza en Dios para que él obre en el Encuentro.

B. Desarrollo (1 hora)

En este ejercicio, su meta debe ser tratar de ayudar a cada persona a *identificar* el rol que él o ella juegan en el grupo, y *comprender* el valor tanto como el riesgo que conllevan; además, *reflexionar* acerca de la manera en que esta nueva comprensión de la dinámica de grupo beneficiará al Encuentro.

C. Planificación del grupo (15 m.)

Asegúrese de que los planes para el Encuentro se están desarrollando con normalidad. Es posible que convenga usar las sugerencias de "Planificando un Encuentro de evangelización" (Sesión 4) como para evaluar si se ha recordado todo. *Importante*: Tenga una idea de cuántos amigos suponen los miembros del grupo que asistirán.

Un detalle de la planificación: Sería una buena idea hacer que la sexta sesión sea una reunión un poquito más larga y relajada que lo normal. Es posible que el grupo necesite "desengancharse" de toda la actividad y la tensión que suponen preparar y organizar el Encuentro. ¿Por qué no reunirse media hora, o una hora antes, y comer algo juntos? Si le parece factible, este es el momento de anunciarlo (quinta sesión) y hacer los planes.

Sexta sesión: El contenido de nuestro testimonio (I)

Objetivo

1. Aprender a evaluar situaciones y entonces aprender de nuestras experiencias.

2. Aprender a manejar nuestras reacciones emocionales ante una situación.

3. Aprender a expresar articuladamente y con claridad, quién es Jesús.

Desarrollo

Una cena o comida en conjunto (opcional)

A. Evaluando el Encuentro (30 m.)

B. Quién es Jesús (1 hora)

A. Evaluando el Encuentro de evangelización (30 m.)

Si las personas no han visto el cuestionario "Cómo evaluar el Encuentro de evangelización", comience destinando de 5 a 7 minutos para que lo hagan. Luego trabaje en conjunto en las siete preguntas. Lo que se busca es una mezcla pareja de sentimientos compartidos, observaciones, evaluación de resultados, y resúmenes de notas. La pregunta 7 es crucial para la planificación de la Serie de encuentros que vendrá cuando finalice el curso de capacitación.

Como líder, muestre una actitud positiva y optimista. Recuerde: los errores no son tragedias, sino oportunidades para aprender. No deje que el grupo se desaliente si el Encuentro no transcurrió, exactamente, de la forma en que lo habían planificado.

B. Quién es Jesús (1 hora)

Su tarea principal para este ejercicio probablemente se reduzca a distribuir el tiempo correctamente. Use los primeros 5 minutos para dividir las personas en grupos de tres, y leer las instrucciones. Luego tome 15 minutos para cada uno de los tres diálogos. Finalmente dedique 10 minutos para la reflexión en conjunto sobre el proceso de expresar quién es Jesús. Una alternativa de este ejercicio podría ser que dos miembros del grupo hagan los diferentes roles, mientras el resto del grupo actúa como observador, y evalúa cada aspecto del rol play usando como base el material del capítulo 6.

Séptima sesión: El contenido de nuestro testimonio (II)

Objetivos

1. Tomar contacto con nuestra propia experiencia de Cristo y ser capaces de expresarla a otros.

2. Aprender cómo presentar a Jesús.

Desarrollo

A. Peregrinaje espiritual (45 m.)

B. Cómo llegar a ser cristiano (45 m.)

A. *Peregrinaje espiritual* (45 m.)

Este ejercicio tiene dos partes: el trabajo individual que hace cada persona sola (destine unos 15 minutos para esto), y el momento en que se comparten experiencias en grupos de a tres.

Distribuya lápiz y papel y explique la primera parte del ejercicio. Refiérase al diagrama de muestra. El propósito de este ejercicio no es una profundización completa de la experiencia espiritual que cada uno haya pasado. Mejor será lograr una visión general de la manera en que Dios se nos fue haciendo presente a lo largo del tiempo. Estos recuerdos fortalecen nuestra fe y estimulan a compartir la experiencia con otros. Una segunda meta es lograr que las personas expresen clara y conscientemente la forma en que llegaron a Cristo. Los testimonios "personales" son una parte muy valiosa de nuestra comunicación, especialmente aptos para acompañar los aspectos objetivos acerca del evangelio. Habiendo dicho, "esto es el evangelio", es preciso agregar: "y sucede de esta forma..."

Después de unos 10 o 15 minutos, divida el grupo en subgrupos de tres personas. Cada persona tiene 5 minutos para compartir su propia experiencia con los otros dos.

B. *Cómo llegar a ser cristiano* (45 m.)

Divídanse, nuevamente, en grupos de a tres. Dando tres "vueltas", destine 7 minutos a cada diálogo y unos 5 minutos para explicar cada nuevo ciclo.

Octava sesión: La estrategia de la evangelizacion en grupos pequeños

Objetivos

1. Hacer un resumen de lo aprendido en este curso de capacitación y analizar la aplicación de cada lección.

2. Iniciar la planificación de la Serie de encuentros.

3. Despedirse en un contexto de adoración y comunión.

Desarrollo

A. Pasado y Futuro (30 m.)

B. Serie de encuentros (30 m.)

C. Alabanza y adoración (30 m.)

A. *Pasado y futuro* (30 m.)

Que este sea un momento de compartir cosas entre todos. No será posible cubrir las 15 preguntas, ni es aconsejable que lo intente. Simplemente, use las preguntas como un trampolín para la reflexión de las lecciones anteriores, y soñar planes para el futuro.

B. *Serie de encuentros* (30 m.)

Después de compartir cosas en la sección A, se llega naturalmente a la planificación de la Serie. Debe hacerse una decisión fundamental, cual es la manera en que se deberán dividir para hacer lugar a otras personas que desean entrar. La forma de dividirse suele depender de quiénes son las personas que se desea alcanzar.

Una vez que esta decisión haya sido tomada, dé tiempo a los subgrupos para que, juntos, decidan cuándo y dónde se encontrarán para preparar su Serie. Con el tiempo restante pueden comenzar haciendo un "bombardeo de ideas" acerca de la forma en que estructurarán los pasos a seguir, y luego analizarlos.

C. *Alabanza y adoración* (30 m.)

Es probable que necesite prepararse para esta parte. Por ejemplo, traer hojas de canto, una guitarra, Biblias, y otros materiales de adoración. Comience esta parte con una breve oración, y una estrofa de un himno, pero luego deje que el clima se desenvuelva libremente. Probablemente tenga que animar para que algunos digan su testimonio o den una palabra de agradecimiento. ¿Qué cosas buenas recibieron como resultado de su experiencia de ser parte del grupo?

Un plan de trece semanas

Si utiliza La *evangelización en grupos pequeños* como parte de su Escuela Dominical, o una clase para educación de adultos, normalmente tiene trece semanas de trabajo. A continuación, he bosquejado cómo puede utilizar esta material en sesiones de una hora durante trece semanas.

Semana 1

Tareas del grupo pequeño:

1. Introducción del maestro
(10 minutos) . . . . Sesión 1

2. Aprendiendo a conocerse
(20 minutos) . . . . Sesión 1

3. Mis esperanzas y temores acerca de la evangelización (30 minutos) . . . . Sesión 1

Para hacer en casa:

Leer el capítulo 1 y hacer la parte Interacción

Invite a amigos cristianos a participar en la clase

Semana 2

Tareas del grupo pequeño:

1. El arte de invitar (20
minutos) . . . . Sesión 2

2. La comunidad que testifica
(40 minutos) . . . . Sesión 2

Para hacer en casa:

Leer el capítulo 2 y hacer la parte Interacción

Semana 3

Tareas del grupo pequeño:

1. Discutir el capítulo 2 (20 minutos)

2. Yo y mi testimonio (40 minutos)
Sesión 2

Para hacer en casa:

Leer el capítulo 3 y hacer la parte Interacción

Semana 4

Tareas del grupo pequeño:

1. El conversador cristiano
(20 minutos)
Sesión 3

2. Ejercicios para aprender a compartir
(40 minutos)
Sesión 3

Para hacer en casa:

La primera parte de "Interacción" del capítulo 3 (compartiendo nuestra fe con otros)

Semana 5

Tareas del grupo pequeño:

1. El arte de escuchar (25 minutos)
Sesión 3

2. Cómo resolver problemas
(35 minutos)
Sesión 3

Para hacer en casa:

Leer el capítulo 4 y hacer la parte Interacción

Semana 6

Tareas del grupo pequeño:

1. Cómo planificar un Encuentro de evangelización (1 hora)
Sesión 4

Para hacer en casa:

Leer el capítulo 5 y hacer la parte Interacción

Semana 7

Tareas para el grupo pequeño:

1. Dinámica de grupo
(1 hora) . . . . Sesión 5

Para hacer en casa:

Invitar amigos al Encuentro de evangelización

Semana 8

Tareas para el grupo pequeño:

1. Terminar de planificar el Encuentro de evangelización

2. Oración en grupo (30 minutos) . . . . Sesión 5

Para hacer en casa:

Preparar para el Encuentro de evangelización

Semana 9

Tareas para el grupo pequeño:

Este será el Encuentro de evangelización que han planificado y al cual invitaron a amigos.

Para hacer en casa:

Leer el capítulo 6 y hacer la parte "Evaluación de nuestro Encuentro de evangelización" de la sección Interacción

Semana 10

Tareas para el grupo pequeño:

1. Evaluando el Encuentro de evangelización
(30 minutos) . . . . Sesión 6

2. Discutir el capítulo 6 (30 minutos)

Para hacer en casa:

Hacer "Un diálogo acerca de Jesús" al final del capítulo 6

Semana 11

Tareas para el grupo pequeño:

1. Quién es Jesús (1 hora). . . . . Sesión 6

Para hacer en casa:

Leer el capítulo 7 y hacer la parte Interacción

Semana 12

Tareas para el grupo pequeño:

1. Peregrinaje espiritual
(30 minutos)
Sesión 7

2. Cómo llegar a ser cristiano
(30 minutos)
Sesión 7

Para hacer en casa:

Leer el capítulo 8 y hacer la parte Interacción

Semana 13

Tareas para el grupo pequeño:

1. Pasado y futuro (30 minutos)
Sesión 8

2. Adoración y alabanza
(30 minutos)
Sesión 8

120

Notas

Introducción

1 John L. Casteel, editor, *Spiritual Renewal through Personal Groups* (New York: Association Press, 1957), p. 17.

1: *Comprender la extensión*

1 David B. Barrett, editor, *World Christian Encyclopedia* (Oxford: Oxford University Press, 1982), p. 3. Un estudio publicado en 1984 estimó la población mundial en 4,7 billones de personas en 1983, y proyectó un aumento hasta 6 billones para el año 2,000.

2 Leighton Ford, *The Christian Persuader* (New York: Harper and Row, 1966), pp. 48-50.

3 Hans-Ruedi Weber, "The Spontaneous Missionary Church," *Laity* 4 (Mayo de 1962), p. 75.

4 Ibid., p. 72.

5 Ibid., p. 73.

6 Este teorema recibió su nombre de Kenneth Strachan, quien era director de la Misión Latinoamericana, e hizo una buena parte de esta investigación. Mucha de la información acerca de la Misión Latinoamericana ha sido tomado de *Evangelism-in-Depth: Experimenting with a New Type of Evangelism* (Chicago: Moody Press, 1961). El teorema citado viene de la p. 25. Estudios posteriores del movimiento de Evangelismo a Fondo han demostrado que hace falta un paso adicional si los frutos de la evangelización han de ser preservados: un plan concreto para incorporar los nuevos creyentes a una iglesia.

7 Por ejemplo, "El Plan Rosario", una campaña evangelística en Rosario, Argentina. Ver C. Peter Wagner, "Plan Rosario: Milepost for Satura-tion Evangelism?" *Church Growth Bulletin* 14, número 1 (Setiembre de 1977), pp. 145-149; y E. Edgardo Solvoso, "In Rosario It Was Different - Crusade Converts are in the Churches", *Evangelical Missions Quarterly* 14 (Abril de 1978), pp. 83-87.

8 Por ejemplo, C. Peter Wagner, *Your Spiritual Gifts Can Help Your Church Grow* (Glendale, California: Gospel Light, Regal Books, 1979) y Donald Bridge con David Phypers, *Spiritual Gifts and the Church* (Downers Grove Ill,: InterVarsity Press, 1973).

9 Wagner, *Your Spiritual Gifts*, pp. 90-96.

10 Leighton Ford, *Letters to a New Christian* (Minneapolis: The Billy Graham Evangelistic Association, 1967), p. 43.

11 Ibid., pp. 43-44.

12 Richard Peace, *A Church's Guide to Evangelism* (Boston: The Evangelistic Association of New England, 1982), pp. 12-13.

2: *Vencer las dudas y los temores*

1 Paul Little, "What Non-Christians Ask", *HIS* 21 (Noviembre de 1960), p. 1.

2 Obispo John Carter, *Methods of Mission in Southern Africa* (London: S.P.C.K., 1963), p. 99.

3 John White, "Witnessing Is Not Brainwashing", *HIS* 26 (Junio de 1966), p. 6.

4 D.T. Niles, *That They May Have Life* (New York: Harper and Row, 1961), p. 96.

3: *Comunicar nuestra fe*

1 John White, "Witnessing is Not Brainwashing", pp. 5-6.

2 Bruce Larson, *Setting Men Free* (Grand Rapids, Mich.: Zondervan, 1967), pp. 27-28.

3 Para muchos de nosotros, la falta de honestidad es un mecanismo de defensa contra algún dolor profundo del pasado. En este caso, para lograr la honestidad puede ser necesario buscar la ayuda de un consejero o terapista.

4 William Barclay, *El Evangelio según San Marcos* (Buenos Aires, La Aurora)

5 Adaptado de *Learning to Love People* de Richard Peace (Grand Rapids, Mich.: Zondervan, 1968), pp. 24-30.

4: *Diseñar la extensión por grupos*

1 Note en Marcos 2:14-17 que Mateo (aquí llamado Leví) comenzó su discipulado invitando a sus amigos y colegas a su casa para

conocer a Jesús. A través de todo el Nuevo Testamento, vemos que, constantemente, utilizaron los hogares para la adoración, la oración, la consejería y la evangelización.

2 Samuel Shoemaker, *The Experiment of Faith* (New York: Harper and Row, 1957), p. 14.

3 Abraham Maslow dice que todos los seres humanos tienen las mismas necesidades, y que se pueden ordenar según las prioridades: (1) Necesidades físicas: alimento, agua, calor, descanso, etc.; (2) necesidades de seguridad: tener un lugar donde sentirse seguro; (3) necesidades de pertenecer: la necesidad de amar y sentirse amado; (4) necesidades de estima propia: ser aceptado como quien juega un rol especial en su comunidad; (5) necesidades de auto-realización: lo que producen las actividades estéticas (creatividad, satisfacción intelectual, experiencia mística, etc.). Maslow afirma además que, hasta que la necesidad de un nivel más básico esté satisfecha, una persona no se preocupará de otras necesidades. Por ejemplo, una persona que se está muriendo de hambre no tendrá interés en actividades creativas. Maslow cree que la mayoría de los norteamericanos funcionan en el nivel tres. Están frenéticamente buscando el amor y la aceptación. Esto está de acuerdo con mi afirmación de que esta búsqueda, generalmente, se encuentra satisfecha en el grupo pequeño. Ver Keith Miller, The Becomers (Waco, Tex.: Word, 1973), capítulos 12 y 13 para más información sobre las prioridades de necesidades y las implicaciones para la evangelización.

4 Weber, "*The Spontaneous Missionary Church*", pp. 74,75.

5 Michael Green tiene una sección importante acerca del valor de grupos pequeños en su libro *Evangelism in the Early Church* (Grand Rapids, Mich.: Eerdmans, 1970) pp. 207-208. "Uno de los métodos más importantes de difundir el Evangelio en la antigüedad, era por medio de los hogares. Tenía ventajas positivas: con pocas personas presentes, era posible tener un intercambio de ideas y una discusión informal entre todos; no había un aislamiento artificial de un predicador de sus oyentes; ...el ambiente informal y relajado del hogar, además de la hospitalidad que seguramente lo acompañaba, ambos ayudaban a dar éxito a esta forma de evangelizar... La evangelización en hogares es un aspecto significativo del Nuevo Testamento. El hogar de Jasón en Tesalónica fue utilizado con este fin (Hch 17:5), como también la casa

de Ticio Justo, ubicada justamente frente a la sinagoga (de la cual Pablo se había separado) en Corinto (Hch 18:7). La casa de Felipe en Cesarea parece haber sido un lugar hospitalario donde no solamente iban viajeros como Pablo y su compañía, sino que también fueron bienvenidos carismáticos ambulantes como Agabo (Hch 21:10-11). Tanto el hogar de Lidia como el del carcelero de Filipos eran centros de evangelización (Hch 16:15, 32-34), y aparentemente, Estéfanas utilizó su hogar en Corinto de la misma manera (1 Co 1:16 y 16:15)... La primera comunidad cristiana se reunió en el primer piso de una casa particular, cuya dueña era la madre de Juan Marcos en Jerusalén (Hch 1:13 y siguiente, 12:12). No es una sorpresa que `la iglesia en una casa' llegó a ser un factor clave en la expansión de la fe cristiana."

6 Ford, *The Christian Persuader*, pp. 71-72.

7 Sin embargo, "Amense sinceramente..." (Ro 12:9). Su motivación no debe ser la de buscar amistades *con el propósito de testificar*. Debemos amar a otros, porque esa es la esencia del cristianismo. Por supuesto, una parte del amor es hablar de Cristo.

8 Ver Em Griffin, *The Mind Changers* (Wheaton, Ill.: Tyndale House, 1976), pp. 57-60 para un relato fascinante sobre su investigación sobre grupos "apretados".

5: *Comprender la dinámica de grupo*

1 George y Florence Pert, *Get Going through Small Groups* (Carmel, N.Y.: Guideposts Associates, 1969), p. 19.

2 Clyde Reid, *Groups Alive - Church Alive* (New York: Harper and Row, 1969), p. 47.

3 Ibid., p. 48.

4 Dietrich Bonhoeffer, *Life Together* (New York: Harper and Row, 1949), p. 86.

5 D. T. Niles, *That They May Have Life* (New York: Harper and Row, 1961), p. 96.

6 Samuel Shoemaker, citado en Pert, *Get Going through Small Groups*, p. 17.

7 Bruce Larson, "A New Breed of Men", en *Groups in Action*, Lyman Coleman editor (Newtown, Pa.: Halfway House, 1968), p. 56.

8 Sin embargo, no quiero decir que uno debe entrar en un grupo y "colgar toda su ropa sucia en público". Eso es exhibicionismo, no honestidad. La naturaleza del grupo

122

definirá los límites de lo que podemos compartir. La clave, entonces, es no fingir nada.

9 Paul Miller, *Group Dynamics in Evangelism* (Scottdale, Pa.: Herald Press, 1958), p. 93.

6: *Hablar acerca de Jesús*

1 C.S. Lewis, *"What Are We to Make of Jesus Christ?"* Asking Them Questions, citado en Clyde S. Kilby, editor, *A Mind Awake* (New York: Harper and Row, 1968), 9. 92.

2 C.S. Lewis, *Mere Christianity* (New York: Macmillan, 1974), pp. 52-53.

3 Ibid., pp. 54-55.

4 Em Griffin, *The Mind Changers*, p. 93.

7: *Presentar la persona de Jesús a otros*

1 Mary McDermott Shideler, *A Creed for a Christian Skeptic* (Grand Rapids, Mich.: Eerdmans, 1968), p. 98.

2 Lyman Coleman, *Encyclopedia of Serendipity* (Littleton, Colo.: Serendipity House, 1976, 1980), p. 87. Coleman incluye otros doce ejercicios afirmativos en este libro. Muchos de sus libros contienen datos sobre la teoría de afirmación y variados ejercicios.

3 Ver, por ejemplo *"The Missing Piece - A Case Study"* en Richard Peace, *Giving Your Faith and Keeping It Too* (Elgin, Ill.: David C. Cook, 1979) en la serie "Christian Growth Elective".

4 Burton Harding, *"What Is the Gospel?"* HIS 26 (Febrero de 1966), p. 6.

5 Ibid.

6 Shideler, *A Creed for a Christian Skeptic*, p. 95.

7 Ibid., pp. 36-37.

8 Ver Richard Peace, *Pilgrimage* (Grand Rapids, Mich.: Baker, 1984), capítulo 8, para una discusión acerca de cómo el arrepentimiento y la fe son claves para el crecimiento en la vida cristiana.

9 Paul Little, *How to Give Away Your Faith* (Downers Grove, Ill.: InterVarsity Press, 1966), p. 69.

10 John R. W. Stott, *Cristianismo básico* (Ediciones Certeza, 1968), p. 131. *Bien puede preguntarse cómo tal compromiso tiene relación con el bautismo de infantes y la confirmación. En el bautismo, los padres hacen votos para el infante. También, los padres se comprometen a educar al niño en la fe cristiana, para que cuando llegue el momento de la confirmación, el niño esté en condiciones de afirmar esos votos, es decir, confirmar como adulto su intención de seguir a Cristo.*

8: *Planificar para el futuro*

1 Weber, *"The Spontaneous Missionary Church"*, p. 75.

2 Douglas Hyde, *Dedication and Leadership: Learning from Commitment* (Notre Dame, Ind.: Notre Dame University Press, 1966), p. 93.

Parte 2: *La experiencia*

1 Este ejercicio fue sugerido por A.J.T. Cook, *"Handbook of Lay-Involvement"* (Johannesburg, South Africa, sin fecha), gp. 26.

2 C.S. Lewis, *Christian Reflections* (Grand Rapids, Mich.: Eerdmans, 1967), . 33.

Títulos de la serie "Capacitación"
Células y otros grupos pequeños
(Curso de capacitación para
    guías de grupos de estudio)
Escribir
La evangelización en grupos
Predicar
Evangelizar

Para más información:
www.edicionescc.com
oficina@edicionescc.com

Para comprar en Amazon:
busque "edicionescc"

Se terminó de imprimir en
Talleres Gráficos de
Ediciones CC
Córdoba 419 - Villa Nueva, Pcia de Córdoba
Mayo de 2014
IMPRESO EN ARGENTINA

www.ingramcontent.com/pod-product-compliance
Lightning Source LLC
Chambersburg PA
CBHW081213020426

42331CB00012B/3020